감사

내 삶을 변화시키는
가장 강력한 능력

감사

이찬수

규장

아침에 교회에 출근해서 마시는 커피가 나는 제일 맛있다. 예전에는 아내에게 부탁해서 아침 도시락을 싸오곤 했는데, 그 도시락에는 거의 채소만 들어 있었다. 달걀 두 알, 당근, 오이…. 그렇게 간단하게 아침을 먹고는 커피머신에서 뽑은 블랙커피 한 잔을 놓고 두 가지를 다짐한다.

먼저는 감사를 다짐한다. 오늘 하루 감사가 넘치게 해달라고 기도하면서 이미 주신 감사한 것들을 떠올려본다. 대부분 일상에서 느낄 수 있는 소소한 것들에 대한 감사들이다.

교회를 개척한 지 19년째가 되었지만, 여전히 나는 매일 아침 이렇게 좋은 교회와 성도들을 주신 하나님께 감사드린다. 교회가 이렇게 은혜롭게 흘러갈 수 있는 것이 하나님의 은혜가 아니면 어떻게 가능했을까 생각하며 감사드린다. 장로님들과 관계 형성이 잘 이루어져서 당회가 다툰 적이 한 번도 없다는 것이 믿기지 않을 만큼 감사하고, 우리 교회에 순전하게 헌신하는 분들이 많이 계신 것이 날마다 감사하다. 나같이 부족한 사람을 선택해준 고마운 아내에 대해서는 시간이 갈수록 감사가 깊어진다.

하루를 이처럼 하나님이 주신 은혜에 대한 감사로 시작하면 마음에 감사가 커피 향기처럼 번져 나가며 내 마음을 행복하게 해준다.

커피 한 잔을 두고 다짐하는 것이 또 하나 있다. 오늘 하루도 분에 넘치는 욕심을 품지 않는 하루가 되기를 다짐하는 것이다.

나는 종종 낮은 목소리로 나 자신에게 명령한다.

"고마 해라. 마이 묵었다 아이가."

많이들 알고 있는 유명 영화의 대사이다. 내가 그 영화에 나오는 멋진 배우는 아니지만, 내 삶이 탐욕으로 가득 차서 추해지는 것을 막아야겠기에 영화 대사를 가지고 나 자신에게 속삭이는 것이다. 그러면 그 낮고 단호한 명령이 내 삶에 능력으로 작동되는 것을 느낀다.

커피 한 잔을 손에 들고서 무슨 의식을 치르듯 이런 시간을 갖는다. 그리고 오늘 하루도 욕심으로 얼룩진 하루가 되지 않게 해달라는 짧은 기도를 드린다.

그런데 이 두 가지 다짐 사이에는 상관관계가 있다.

내가 이 두 가지 다짐 중에서 왜 '감사'를 먼저 떠올리는지 아는가? 이미 주신 은혜에 대한 감사가 풍성해서 포만감이 느껴지면 내면의 욕심이 사라지는 것을 경험하기 때문이다. 나 자신에게 하는 "고마 해라. 마이 묵었다 아이가"라는 어찌 보면 우스운 명령이 통하는 이유도 여기에 있다. 커피 한 잔과 함께 이 두 가지를 묵상하며 하루를 시작하면 하루하루가 얼마나 행복한지 모른다.

헬렌 켈러를 다 알 것이다. 헬렌 켈러는 듣지도, 보지도, 말하지도 못 했지만 미국의 〈타임〉지가 선정한 '20세기 가장 영향력 있는 인물 100인'에 들 정도로 멋지고 영향력 있는 삶을 살았다. 장애로 인해 제한된 삶을 살았던 헬렌 켈러가 어떻게 '20세기 가장 영향력 있는 인물 100인'에 선정될 수 있었을까?

이런 궁금함을 가지고 자료를 찾아보다가 헬렌 켈러가 했던 말 한마디에서 그 답을 찾았다.

"나에게는 너무나 많은 것이 주어졌다. 그렇기 때문에 나에게 어떤 것들이 없는지 생각하며 머뭇거릴 시간이 없다."

감동적이지 않은가? 그토록 여러 장애가 겹쳐 불편한 삶을 살아야 했던 헬렌 켈러가 이토록 영향력 있는 삶을 살 수 있었던 비결이 이 한 마디 속에 고스란히 담겨 있다.

우리는 어떤가? 주신 만 가지를 두고 안 주신 한 가지를 찾아내는 데 선수들 아닌가? 갖지 못한 그 한 가지 때문에 받은 만 가지에 대해 생각할 겨를이 없는 것은 아닌가? 갖지 못한 것에 집중하느라, 바로 그것 하나가 인생의 걸림돌이 되어서 내 인생의 진도가 멈춰져 있는 것은 아닌가? 헬렌 켈러와 불평 많은 사람의 차이는 주신 내용물의 차이가 아니다. 그 차이는 감사 태도 여부이다.

2019년 3월, 주일 예배 때 전 교회적으로 '감사 목회'를 선언했다. 감사 목회를 선언하면서 나는 헬렌 켈러처럼 감사가 나를 온통 지배할 수 있기를 기도했다. 그런 의미에서 아침에 커피 한 잔을 마시며 감사의 시간을 갖는 것이 내게 참 유익한 습관이라고 생각한다. 우리가 억대 연봉이나 고급 승용차를 탐하지 않아도 자족할 수 있는 비결은, 아침에 마시는 커피 한 잔만으로도 충분히 행복해질 수 있는 존재임을 자각하는 것이다. 커피 한 잔을 앞에 놓고 하나님이 주신 많은 것들에 감사하다 보니 내 삶도, 가정도 점점 더 행복해지는 것을 느낀다.

'감사 목회'를 선언하면서 이 감사운동이 지속될 수 있도록 '두 가지 실천운동'을 선포했다.

첫째는 '감사노트' 쓰기 운동이다. 그래서 《153 감사노트》를 제작했다. 그리고 매일 아침, 혹은 일과를 모두 마치고 잠자리에 들기 전에 이 감사노트를 활용하도록 했다.

《153 감사노트》의 의미는 이러하다. 베드로의 물고기 153마리가 주님이 주신 축복의 상징인 것처럼, 주님이 주시는 '153 감사 제목'을 주님께 드리자는 것이다.

　1　하루에 1번 하나님 말씀 묵상하기
　5　하루에 5가지 감사 제목 적기
　3　하루에 3번 감사 표현하기

'153'으로 숫자를 맞추느라 이렇게 정리하긴 했지만, 사실은 하루에 세 번만 감사를 표현하는 것이 아니라 30번, 300번, 3,000번 표현해도 좋은 것이 감사이다. 그리고 하루에 다섯 가지 감사 제목만 적을 것이 아니라 그보다 훨씬 많은 감사 제목을 드릴 수 있는 것이 복 받은 우리의 삶이다.

미국의 심리학자인 에먼스 교수와 셀리그먼 교수는 '감사일기' 쓰는 것을 적극적으로 추천한다. 가벼운 우울증 상태에 있던 사람들에게 매일 감사한 일을 찾도록 했더니 우울 증상이 호전되고 그 효과가 장기간 유지되더라는 연구 결과가 나왔기 때문이다.

이런 결과가 자꾸 나오니까 심리학자들도 감사일기를 쓰라고 권하는 것이다. 만약 감사일기를 쓰기 시작할 때 쓸 거리가 생각나지 않는다면, 참기름 짜듯이 쥐어짜보라. 생각지도 못했던 감사한 일이 떠오를 것이다.

매일 아침, 혹은 매일 저녁에 집에서 부부가 나란히 앉아서, 혹은 직장에서 감사노트를 기록해보라. 놀라운 은혜로 가득 채워지는 것을 경험할 것이다.

둘째는 '가정예배' 회복 운동이다. 매일이 아니더라도 주일 저녁에 모여 가정예배를 드려보라. 특별한 준비를 하지 않아도 좋다. 성경과 감사노트를 준비하라. 성경 한 구절 읽고 감사노트를 펴서 자기가 기록한 감사 제목 다섯 가지를 함께 나누는 것이다.

"우리 큰아이, 지난 화요일에 적었던 감사제목을 한번 읽어볼래?"

"당신은 수요일 것 읽어볼래요?"

이렇게 같이 나누다 보면 서로가 한 주를 어떻게 살았는지 알 수 있게 된다. 그리고 마무리할 때는 한 주일 동안 하나님께 감사할 수 있는 제목 다섯 가지를 가족과 함께 써보고, 그것을 놓고 하나님께 감사함으로 같이 기도하는 것으로 마치면 된다.

그리고 또 한 가지.

사실 나는 결혼하고 삼십 대 때 잘못된 생각을 갖고 있었다. 목회자로 살다 보니 아내를 가르쳐야 한다는 생각이 많았다. 그러다 보니 자연 지적을 많이 했다. 그러다 깨달은 것이 있다. 사람은 지적한다고 고쳐지는 존재가 아니라는 사실이다. 지적할수록 상대방은 점점 긴장하여 경직되고 만다. 더군다나 배우자는 지적해서 고쳐야 할 대상이 아니다. 배우자는 그 자체를 수용해주고 존중해주어야 하는 대상이다. 그래서 요즘은 절대 지적하지 않는다. 오히려 애를 써서 자꾸 인정해준다.

"오늘 나의 목회 열매의 절반 이상은 당신이 만들어준 열매야. 너무 고마워요."

"내가 당신을 만나지 못했다면 어떻게 이렇게 안정적인 목회를 할 수 있었겠어? 진심으로 고마워요."

계속 이런 고백을 한다. 가끔은 "다시 한번 선택권이 주어진다 해도 나는 주저 없이 당신을 선택할 거야" 하는 고백도 한다. 처음에는 쑥스러웠지만, 감사를 자꾸 표현했더니 부부 사이가 점점 더 가까워지는 것을 경험했다.

그러니 기도로 가정 예배를 마무리하고 나면 꼭 서로에 대한 '감사 고백'을 덧붙이기 바란다. 아마 세상에서 가장 행복한 표정을 짓고 있는 가족들을 발견하게 될 것이다.

'감사'를 주제로 한 책을 엮기로 한 것은 바로 '감사노트 작성'의 생활화를 돕기 위해서이다. 감사운동은 파도타기와 같다. 붐이 일어나야 할 수 있는 운동이다. 먼저 가정 안에서 붐이 일어나고, 그것이 교회로 번져가기를 소원한다. 그래서 어둡고 우울한 한국교회의 분위기를 감사로 변화시키는 운동이 일어나기 바란다.

이 일은 가능하다. 분당우리교회를 통해서 그 사실을 확인했다. 감사목회를 선언한 이후로 많은 가정의 변화 소식을 전해 들을 수 있었다. 이제 이 불길이 한국교회를 향하기를 원한다. 그리고 그것이 어두운 한국사회를 밝히는 작은 촛불이 되길 간절히 원한다.

이런 큰 꿈을 가지고 우리가 먼저 감사운동을 시작하자. 이로 인한 많은 열매를 기뻐하며 더욱 크게 감사하는 우리 삶을 꿈꾸고 기대하자.

전 교회적으로 감사목회를 선언한 이후에 놀라운 열매들이 나타나기 시작했다. 특히 '감사노트'를 작성하면서 얻게 된 변화에 대한 간증이 많았다. 나에게도 많은 간증의 글이 쏟아져들어왔는데, 우리 교회의 교역자를 통해 받은 한 성도의 간증을 소개하면서 서두의 인사말을 마치려고 한다.

2018년 6월, 친한 직장동료의 딸(당시 고3)이 갑작스러운 교통사고로 뇌사 상태에 빠지게 되었고, 지금까지도 뇌사 상태로 지내고 있습니다. 1년 4개월이 흐른 지금(간증 당시), 친구는 지금 전혀 다른 사람이 되었습니다. 고등학교 때 떠난 주님을 다시 뜨겁게 만나고, 주일마다 너무 감사해서 눈물로 예배를 드리는 사람이 되었습니다. 이렇게 변화된 이유 중 하나는 감사노트입니다.

2019년 4월 말, 저는 《153 감사노트》를 한 권 사서 이 친구에게 갔습니다. 나도 작성한 지 이제 50일이 넘었는데, 쓰고 나니 마치 마법 같다고, 참 신기한 노트라고 이야기하고는 전달해주었습니다. 감사하게도 친구는 다음 날부터 감사노트를 작성하기 시작했고, 그동안 가졌던 우울함, 억눌림, 아픈 마음들이 조금씩 치유되기 시작했습니다.

그러던 중 8월 초에 연락이 왔습니다. 감사노트를 100일 다 썼다고. 우리가 만난 지 100일이 되었다고. 너무 보고 싶다고.

그래서 이번에는 감사노트를 두 권 사서 친구를 찾아갔습니다. 다시 만난 제 친구는 주님의 만지심으로 눈빛이 다른 사람이 되어 있었습니다. 다른 사람에 대한 원망과 자책에서 벗어나 본인의 가정이 주님의 가정으로 거듭나기를 기뻐하며 소망하는 자로 변화되었습니다. 이 또한 말씀과 감사노트의 힘입니다.

나는 소망한다. 이 성도처럼 감사를 회복하는 사람들이 이곳 저곳에서 나타나기를. 그리고 나는 소망한다. 감사의 회복으로 인해 수많은 가정과 교회가 살아나기를.

이찬수 **목사**

CONTENTS

give thanks

PART 1

언제나,
감사하라

데살로니가전서 5장 16-18절

항상 기뻐하라 쉬지 말고 기도하라 범사에 감사하라 이것이 그리스도 예수 안에서 너희
를 향하신 하나님의 뜻이니라

01

감사 선언

근래에 감사가 가진 순기능에 대한 글이나 심리학자들의 연구 내용이 발표되는 것을 종종 볼 수 있다. 일례로, 심리학자들의 연구에 따르면 사람이 불안이나 우울, 혹은 분노와 같은 부정적인 감정을 느낄 때면 뇌의 오른쪽 전전두피질이 활성화되고, 이에 반해서 열정이나 활력과 같은 긍정적인 감정을 느낄 때면 뇌의 왼쪽 전전두피질이 활성화되는데, 감사라는 감정을 느낄 때도 마찬가지라는 것이다.

인간의 건강을 다루는 대표적인 TV 프로그램 〈생로병사의 비밀〉에서 감사의 중요성을 다루는 것을 본 적이 있다. 그 프로그램의 요지는 '일상을 작은 감사들로 채웠더니 삶이 행복해졌다'라는 것이었다. 마치 교회에서 간증을 나누는 것처럼 자기 경험을 이야기하기도 하고, 과학적으로 입증된 내용들을 설명하기도 했다. 그 프로그램에서 탈무드에 나오는 글 하나를 소개했는데 참 인상적이어서 그 것을 옮겨 적었다.

"세상에서 가장 현명한 사람은 항상 배우는 사람이요, 세상에서 가장 강한 사람은 자기를 이기는 사람이며, 세상에서 가장 행복한 사람은 모든 일에 감사하는 사람이다."

쥐어짠 100가지 감사의 능력

이처럼 감사가 가진 순기능은 우리가 생각하는 것보다 훨씬 강력한데, 전광 목사님이 쓴 《감사가 내 인생의 답이다》라는 책에서도 재미있는 사례를 하나 보았다. 미국에서 한인목회를 하신 안남웅 목사님이라는 분이 미국 노스캐롤라이나주의 어느 교회로 청빙을 받아서 부임해 가셨다. 그런데 거기에 소위 '왕언니'로 불리는 한 권 사님이 계셨다. '왕언니' 하면 벌써 위압감이 느껴지지 않는가?

그런데 안 목사님이 부임하기 전에 이 왕언니가 담임목사 세 명을 쫓아낸 전력이 있다고 한다. 새로 부임한 신임 목사님 입장에서는 이런 분과 잘 지내야 목회가 순탄하다. 그런데 불행하게도 사소한 일로 안 목사님과 왕언니의 관계가 틀어져버렸다. 게다가 왕언니가 얼마나 뒤끝이 긴지, 목사님이 아무리 화해를 시도하고 애를 써도 전혀 통하지 않았다고 한다. 예를 들어, 목사님이 악수하자고 손을 내밀면 그 손을 뿌리치고는 등을 돌려버리는 것이다. 이러니 새로 부임한 목사님 입장에서 얼마나 힘들었겠는가? 괴로워서 잠을 이루지 못했을 뿐 아니라 가위에 눌릴 만큼 마음이 불안했다. 이렇게는 안 되겠다 싶어서 교회를 떠날 결심을 하기도 했다. 왕언니가 네 번째 목사님을 쫓아내는 시점이 온 것이다.

그런데 안 목사님은 바로 사표를 내지 않고 비장한 각오로 3일간 금식기도를 하기로 했다. 3일간 금식기도를 하면서 괴로운 심정을 하나님께 토해내고 있었는데, 기도 중에 하나님이 내면에 이런 말씀을 주시는 것 같았다.

'너는 왜 일방적으로 미워만 하고 감사할 줄 모르느냐?'

목사님은 늘 상대방이 자기를 미워하고 자기 호의를 거절하기 때문에 문제가 있다고 생각했는데, 사실은 동전의 양면과 같이 본인도 그런 감정을 갖고 있었다는 것을 금식하면서 자각하게 된 것이다. 그래서 안 목사님은 금식기도 후에 큰 결심을 했다. 관계가 깨진 권사님에 대해 감사한 내용을 떠올리며 기록하기 시작한 것이다. 세 시간 정도 끙끙거리면서 적었더니 50여 가지 감사가 나오더란다. 사실, 그 정도 찾은 것도 대단한 것 아닌가?

이때까지만 해도 진정에서 나온 감사가 아니라 억지로 쓴 것이다 보니 마음에 별 감동이 없었다고 한다. 그래서 그냥 찢어버릴까 하다가 '기왕 쓰기 시작한 것 100가지를 채워보자'라고 생각하고는 다시 쓰기 시작했다. 처음에는 아무리 생각해도 더이상 쓸 것이 없었다고 한다. 그렇다고 포기하기엔 뭔가 억울하고 자존심도 허락하지 않아 억지로 쥐어짜고 쥐어짜서 새벽이 되어서야 100가지 감사를 다 채웠다. 참 귀한 목사님 아닌가?

그렇게 100가지 감사를 채우고 나니까 왕언니가 아니라 목사님 내면에 변화가 일어나기 시작했다. 비록 억지로 쓴 것이긴 하지만, 상대방의 좋은 점을 찾아내려고 쥐어짜듯이 생각하다 보니 목사님 마음에 문득 '이 권사님도 나름 괜찮은 면이 있는데 왜 그렇게 미워만 했을까?'라는 생각이 들더란다. 그러면서 자기 눈에 그 권사님에 대한 '미움'이라는 안경이 씌워져 있었다는 것을 깨닫게 되었다고 했다.

사실, 어떤 사건으로 사람과 관계가 깨지게 되면 그 순간 상대에 대해 '미움'이라는 안경이 씌워져버린다. 빨간 안경을 쓰면 세상이 다 빨갛게 보이듯이, 한번 미움의 안경이 씌워지면 그 사람이 하는 일은 다 밉다. 오죽하면 "준 것도 없는데 밉다"라는 말이 있겠는가?

이렇게 목사님의 마음에 변화가 생겼지만, 문제는 그 권사님이 너무 무서워서 마음을 전할 수 없었다고 한다. 용기가 안 나서 직접은 못 전하고, 결국 남들이 다 자는 새벽에 그 권사님 집 우체통에 몰래 100가지 감사를 적은 종이를 넣어두고 도망치듯 집으로 돌아왔다.

그런데 3일이 지나도 아무 연락이 없었다. 목사님은 혹시 이 일이 왕언니를 더 노엽게 한 것은 아닌지 두려움 가운데 지냈다. 주일이 되었고 마침내 왕언니 권사님이 교회에 나타났다. 목사님과 눈이 딱 마주친 왕언니는 평소와 달리 두 팔을 높이 들고 달려와서는 완전히 달라진 표정으로 이야기하더란다.

"목사님이 사람이십니까? 나는 목사님을 쫓아내려고 그렇게 못되게 굴었는데 100가지 감사라니요. 그날 아침에 편지를 읽고 출근하다가 눈물이 너무 쏟아져 하마터면 사고 날 뻔했습니다."

이렇게 해서 왕언니 권사님과 극적인 화해가 이루어졌다. 100가지 감사로 말미암아 극적인 화해를 경험한 안 목사님은 그때 얻은 귀중한 깨달음을 가지고 '100 감사 운동'을 펼치게 되었다고 한다.

하나님이 일으키시는 감사 운동의 파도를 타라
안 목사님의 이야기를 보면서 이 말씀이 떠올랐다.

하나님께서 지으신 모든 것이 선하매 감사함으로 받으면 버릴 것이 없나니 하나님의 말씀과 기도로 거룩하여짐이라 **딤전 4:4,5**

어떤 경우라도 감사함으로 받으면 버릴 것이 없다. 이것은 대인관계에도 그대로 적용된다. 혹 너무 밉고 불편해서 어려운 관계가 있다면 자기 눈에 '미움'이라는 안경이 씌워져 있는 것은 아닌지 돌아보자. 우리는 대인관계 속에서도 하나님의 말씀과 기도로 거룩함을 가지고 미움의 안경을 벗어내고 감사함으로 상대방에게 다가가도록 훈련해야 한다.

안남웅 목사님의 사례를 통해 우리가 배워야 할 것이 무엇인가? 대인관계에 어려움이 있으면 그 관계를 풀기 위해 인간적인 노력도 해야 하지만, 먼저 믿음이 작동되어야 한다는 것이다. 안 목사님은 믿음의 작동을 위해 '3일 금식'이란 도구를 사용했다. 그렇게 하나님의 뜻을 구하기 위해 금식하며 하나님께 의뢰하여 받은 응답이 '100가지 감사 기록'이었기 때문에, 그 도구가 강력한 능력이 된 것이다.

2019년 3월에 선포된 '감사 목회 선언'은 이런 배경으로 시작되었다. 나는 기도한다. '감사 목회 선언'이 단순한 이벤트가 아니라 교회의 체질을 감사로 바꾸는 계기가 되기를. 나는 안다. 담임목사가 선포한다고 이루어지는 것이 아님을. 그리고 나는 안다. 파도는 하나님이 일으키신다는 사실을. 파도는 하나님이 일으키시고, 우리는 그 파도를 타는 것이다. 그래서 나는 하나님께 우리의 삶을 감사로 채우는 감사 운동의 파도를 일으켜주시길 기도한다. 분당우리교회뿐 아니라 이 땅의 모든 교회의 바탕색이 '감사'로 물들기를 바라며 기도하고 있다. 소그룹 구역모임이나 예배 모임도 감사의 바탕 안에서 이루어지기를 바라고, 각 가정 안에도 감사가 물밀듯 흐르기를 간절히 바란다.

말씀을 가까이할 때 흐르는 감사

사실 바울이 "항상 기뻐하라, 쉬지 말고 기도하라, 범사에 감사하라"라는 세 가지 지침을 요구했을 당시 데살로니가 성도들은 이 지침을 지키기가 거의 불가능한 상황에 처해 있었다. 그들은 고통 중에 있었다. 핍박 가운데 있었다.

또 너희는 많은 환난 가운데서… **살전 1:6**

아무도 이 여러 환난 중에 흔들리지 않게 하려 함이라 **살전 3:3**

세워진 지 얼마 되지 않은 데살로니가교회 입장에서는 감당하기 어려운 외부의 핍박이 있었고, 지도자 바울은 교회를 떠나 있었다. 이런 여러 가지 핍박 중에 있는 성도들을 향하여 "항상 기뻐하라, 쉬지 말고 기도하라, 범사에 감사하라"라는 지침을 준 것이다. 이 지침이 가능하리라 생각했던 것일까?

그런데 이 말씀 가운데 중요한 대안이 숨겨져 있었다.

또 너희는 많은 환난 가운데서 성령의 기쁨으로 말씀을 받아 **살전 1:6**

"항상 기뻐하라"라는 지침이 주어지기 전에 그들은 이미 그런 삶을 살고 있었던 것이다. 어떻게 이런 일이 가능했는가? 바로 성령의 기쁨으로 말씀을 받았기 때문이다.

우리는 원망하고 불평하는 쪽의 길이 너무 잘 나 있는 사람들이다. 그러니 그 앞에서 "감사합시다"라고 말한다고 저절로 이루어지지 않는다. 감사 운동의 성공에는 성령이 주시는 초자연적인 역사가 있어야 한다. 그러므로 우리에게는 이런 기도가 필요하다.

"아버지, 제 삶에 온전한 감사가 회복되기를 원합니다. 이것이 가능하기 위하여 먼저 말씀을 주시기 원합니다. 그리고 말씀대로 살 수 있도록 성령께서 은혜의 길로 인도하여주옵소서."

이런 사모함을 가지고 성경을 읽어나갈 때, 우리도 데살로니가교회 성도들처럼 극심한 고난 속에서도 감사를 잃지 않는 삶을 누리게 될 것이다.

17절의 "쉬지 말고 기도하라"라는 말씀도 마찬가지다. 이 말씀은 기도원에 들어가서 온종일 기도만 하라는 뜻이 아니다. 이 말씀은 영향력에 관한 문제이다. 그만큼 하나님을 의식하는 삶을 살라는 말씀이다. 하루의 삶 가운데 하나님에 대한 의존도를 높이라는 말씀이다.

18절에 나오는 "범사에 감사하라"라는 말씀도 같은 의미다. 삶 속에서 늘 하나님을 의식하고 그분에 대한 의존도를 잃지 않으면, 우리는 고난 속에서도 감사할 수 있다. 바울은 이런 능력의 삶을 살아내고 있었다.

무리가 일제히 일어나 고발하니 상관들이 옷을 찢어 벗기고 매로 치라 하여 많이 친 후에 옥에 가두고 간수에게 명하여 든든히 지키라

하니 그가 이러한 명령을 받아 그들을 깊은 옥에 가두고 그 발을 차꼬에 든든히 채웠더니 행 16:22-24

바울이 지금 실라와 더불어 어떤 고초를 겪고 있는가? 복음을 전하다가 엄청난 곤욕을 치르고 핍박을 당하고 두들겨 맞고 감옥에 들어가 있는 상황이다. 그런데 이런 상황에서 그들이 취하는 태도가 놀랍다.

한밤중에 바울과 실라가 기도하고 하나님을 찬송하매 행 16:25

상황을 뛰어넘고 환경을 뛰어넘어 감사와 찬양이 나오는 인생, 부럽지 않은가? 나는 우리의 감사 선포가 교회 차원에 머무는 것이 아니라 개개인의 삶에 영향을 미치기를 바란다. 실제 성도들의 삶 속에서 능력으로 나타나기를 간절히 갈망한다. 이런 감사 목회가 선포한 대로 잘 이루어지기 위해 반드시 명심해야 할 말씀이 있다.

그리스도의 말씀이 너희 속에 풍성히 거하여 모든 지혜로 피차 가르치며 권면하고 시와 찬송과 신령한 노래를 부르며 감사하는 마음으로 하나님을 찬양하고 또 무엇을 하든지 말에나 일에나 다 주 예수의 이름으로 하고 그를 힘입어 하나님 아버지께 감사하라 골 3:16,17

감사가 넘치기 위해 요구되는 가장 중요한 전제는 그리스도의 말씀이 우리 속에 풍성히 거하는 것이다. 말씀을 가까이해야 한다. 성경을 통독하는 일을 게을리해서는 안 된다. 때로는 성경을 필사하는 정성도 필요하다. 성경 암송은 더 없이 좋은 도구이다. 우리의 목표는 우리 내면에 그리스도의 말씀이 풍성히 거하는 것이다. 그리고 그 말씀을 가지고 자녀들을 권면하고 공동체에서 말씀을 나누다 보면 그 가운데 감사가 흘러넘치게 될 것이다.

이런 의미에서 감사 운동과 관련한 세 가지 지침을 정했다.

감사를 결단하라

먼저, '결단'하는 것이다.

의지적으로 감사하기로 결단하는 행위 속에 능력이 내포되어 있다. 우리가 아이들에게 "양치질하고 자라"라고 말하면 아이는 왜 양치질을 해야만 하는지, 양치질을 하면 무슨 유익이 있는지 생각하며 따질 필요가 없다. 그냥 양치질하고 자면 된다.

"양치질을 왜 해야 되는데요?"

"아침에 했는데 또 해야 돼요?"

이렇게 묻는 아이들에게 과학적으로 설명하는 부모는 없다. 그냥 이렇게 말한다.

"양치질하고 자, 얼른."

본문의 말씀도 설득이 아니라 명령이다.

"항상 기뻐하라 쉬지 말고 기도하라 범사에 감사하라."

이 말씀에서 원리를 찾아야 한다. 감사해야 할 이유를 따지고 분석하는 것도 필요하겠지만, 때로는 군인이 명령에 순종하듯 단순한 마음으로 감사의 삶을 결단해야 한다. 그러면 그 결단 속에 감사할 수 있는 힘과 능력이 생기는 것을 경험하게 될 것이다. 따지지 말고 감사해보라. 감사하기로 결단해보라. 순종함으로 이론과 논리를 뛰어넘는 감사의 삶을 살아보라. 안남웅 목사님이 하신 유명한 말이 있다.

"감사할 게 없다고요? 참기름 짜듯이 쥐어짜보세요. 생각지도 못한 감사한 일들이 떠오를 겁니다."

나는 어릴 때 동네 방앗간에서 참기름 짜는 것을 보고 자랐기에 이 말이 뭘 의미하는지, '참기름 짜듯이 쥐어 짠다'는 것이 얼마나 엄청난 몸부림을 내포하는 말인지 잘 안다. 그런데 안 목사님은 감사를 참기름 짜듯이 하라는 것이다.

안 목사님이 이런 조언을 할 수 있는 것은 왕언니 권사님과 관련한 경험이 있었기 때문이다. 만약에 안 목사님이 왕언니 권사님에 대해서 50가지 감사를 쓰다 말고 유치하다고 찢어버렸다면 그 권사님과의 관계가 깨져 버렸을지 모른다. 새벽까지 80개를 쓰고 멈췄다면 '100 감사 운동'이라는 아름다운 열매를 보지 못했을 것이다. 그야말로 참기름 짜듯이 감사의 몸부림을 쳤기에 모두가 감동하는 아름다운 결과가 나타났다.

감사하기로 결단하라. 그러면 거기에 능력이 나타날 것이다. 캘리포니아대학교의 소냐 리우보머스키 교수는 이런 말을 했다.

"자신의 축복을 세며 감사하는 사람들이 삶에 더 큰 만족감을 경험한다. 이를 실생활에 적용하고 싶으면 감사일기를 써라."

아이들과 더불어 '감사노트'를 기록해보라. 심리학자들도 자신에게 주신 축복을 세며 감사하는 사람들이 삶에 더 큰 만족감을 경험한다고 말한다. 또한 이는 성경이 우리에게 요구하는 바이기도 하다. 그러니 그냥 그렇게 해보라.

내가 여호와를 항상 송축함이여 내 입술로 항상 주를 찬양하리이다 내 영혼이 여호와를 자랑하리니 곤고한 자들이 이를 듣고 기뻐하리로다 나와 함께 여호와를 광대하시다 하며 함께 그의 이름을 높이세

시 34:1-3

그냥 읽으면 평이하게 보이는 다윗의 찬양이지만, 이 시편에 붙은 제목을 보면 달라질 것이다.

'다윗이 아비멜렉 앞에서 미친 체하다가 쫓겨나서 지은 시.'

사울 왕이 다윗을 죽이려 죽어라 쫓아다니니 다윗은 도망가다 도망가다 너무 다급한 마음에 적지로 뛰어들었다. 적군의 왕 앞에서 목숨을 부지하겠다고 침을 질질 흘리면서 미친 사람 행세를 해서 겨우 목숨을 건진 상황이다. 남자들은 자존심이 무너지면 다 무

너진다. 이런 점에서 다윗은 지금 자존심이 다 무너져 모든 것이 무너진 상황이다. 구차하게 목숨 부지하겠다고 적 앞에서 침을 질질 흘리는 수치스러운 일을 경험했다. 그런데 그런 순간에 어떻게 이런 감사와 찬양이 넘치는 시를 쓸 수 있었을까? 가만히 보니 1절에 답이 있었다.

> 내가 여호와를 항상 송축함이여 내 입술로 항상 주를 찬양하리이다
> 시 34:1

다윗이 이런 비참한 상황에서도 감사와 찬양을 드릴 수 있었던 것은 그가 그렇게 하기로 결단했기 때문이다. 어떤 상황에서도 감사와 찬양을 잃지 않겠다고 결단하고 선포했기 때문에 그렇게 수치스러운 자리에 빠져 죽고 싶은 상황에서도 감사할 수 있었던 것이다. 감사의 결단이 중요한 이유가 이것이다.

그는 시편 44편 8절에서도 "우리가 종일 하나님을 자랑하였나이다 우리는 하나님의 이름에 영원히 감사하리이다"라고 고백했다. 우리도 어떤 상황에서도 하나님께 감사하고 찬양하겠노라고 결단해보자. 거기서 능력이 나타난다.

감사 습관을 만들라

감사 운동과 관련한 두 번째 지침은 '감사 습관 만들기'이다.

유진 피터슨이 쓴 《메시지》에는 본문이 이렇게 의역되어 있다.

"무슨 일에든지 기뻐하십시오. 항상 기도하십시오. 무슨 일에든지 하나님께 감사하십시오. 이것이야말로 하나님께서 그리스도 예수 안에 있는 여러분에게 바라시는 '생활방식'입니다."

감사는 결단만 한다고 되는 것이 아니다. 습관을 만들어야 한다. 감사가 생활방식이 될 때까지 지속적으로 몸부림쳐야 한다. 내 인생에서 감사의 길이 만들어질 때까지 계속 그 길을 걸어야 한다.

죄성을 가진 우리는 불평불만의 길을 너무 많이 만든다. 아무 생각 없이 자연스럽게 나오는 것이 불평이요 불만이다. 하지만 이것은 하나님이 바라시는 생활방식이 아니다. 우리가 변화 받은 그리스도인이라면 반드시 감사의 길을 만들어야 한다. 습관적으로 이것을 만들어내야 한다.

또한 본문의 '기뻐하라, 기도하라, 감사하라'를 원어로 보면 다 현재형이다. 문법적으로 보자면 이것은 일회적인 권면이 아니라 지속적인 권면의 성격을 지니고 있다. 양치질은 어제 했으니 끝나는 것이 아니라 매일 해야 하는 일이다. 습관이 되어야 하는 일이다. 길이 만들어져야 하는 일이다.

감사가 그렇다. 불평불만의 길이 온 나라를 뒤덮고 있는 상황에서, 우리는 감사를 결단하고 감사의 길을 만들기 위해, 감사의 습관을 만들어내기 위해 노력해야 한다.

어느 날 해외토픽 뉴스에서 '버거킹'의 판매전략을 소개한 것을 본

적이 있다. 버거킹의 놀라운 판매전략은 한 달에 5달러만 내면 한 달 내내 모닝커피를 마실 수 있게 한 것이었다. 5달러면 스타벅스 커피 한 잔 값인데, 어떻게 한 잔 값에 한 달 내내 커피를 마실 수 있게 하는 판매전략을 내세웠을까?

그런데 거기에 중요한 의도가 숨어 있었다. 고객의 입맛을 길들이 겠다는 전략이었다. 한 달 내내 같은 커피만 마시다 보면 그 커피맛에 길들게 된다. 버거킹 커피가 제일 맛있어진다. 이런 점에서 보면 굉장히 차원 높은 판매전략이다.

나는 여기서 중요한 원리 하나를 발견한다. 우리는 불평불만에 맛이 들어 있다. 불평하거나 뒷담화를 하는 길은 잘 닦여 있어서 왠지 술술 나온다. 그런데 누구를 칭찬하고 감사하는 것은 어색하다. 그렇기 때문에 이제 우리는 감사의 길을 만들어야 한다. 한 달 내내 버거킹 커피를 마시게 함으로 그 커피 맛에 길들이려는 전략을 구사하듯이, 감사가 내 삶의 생활방식이 될 때까지 포기하지 말고 감사를 추구해야 한다. 그렇게 감사의 길을 만들어가는 우리가 되길 바란다.

감사 운동을 전하라

마지막 세 번째로, 감사 운동을 이웃에게 전수해야 한다.

나만 고치는 것이 아니라 함께 고쳐가는 것이다. 혼자가 아니라 감사의 물결을 만들어 함께 가야 한다. 내가 감사 운동을 공동체적으로 선포한 이유도 여기에 있다. 존 스토트 목사님이 데살로니가 전서를 강해하면서 "항상 기뻐하라, 쉬지 말고 기도하라, 범사에 감사하라"를 이렇게 분석했다.

"바울이 여기에서 사용한 동사들은 복수형으로 되어 있다. 그러므로 이 동사들은 개인적이고 사적이라기보다는 집합적이고 공적인 그리스도인의 의무를 묘사하는 듯하다. 20절에 나오는 예언이라는 말도 공적인 것이다. 26절에 나오는 거룩한 입맞춤이라는 말도 어떤 모임을 전제로 한다. 우리는 멀리 떨어져서 사람들과 입맞춤을 할 수 없다. 그리고 27절에서 바울은 모든 형제가 있을 때 편지를 읽는 모습을 그리고 있다."

즉, 이것은 개인에게 주신 지침이라기보다 예배 가운데 공동체적으로 주신 것이라는 의미이다. 성경을 개인적으로도 읽어야 하지만 공동체적으로도 읽어야 하는 것처럼 감사 운동은 교회가 공동체적으로 함께 추구해야 한다.

나에게는 꿈이 하나 있다. 우리 성도들의 가정이 매 주일 저녁에 함께 모여 가정예배를 드리는 것이다. 그리고 그 모임에서 《감사노트》를 가지고 한 주일에 한 번 자녀들과 더불어 감사를 매개로 이야기 나누는 시간을 가지는 것이다. 부부가 손을 맞잡고 감사를 매개로 이런저런 이야기를 나눈다면, 그 가정에 놀라운 변화가 일어날 것이다.

십자가 은혜에 대한 감사를 회복하라

우리에게 감사가 살아나기 위해서는 성령의 기쁨으로 말씀을 받아야 한다고 했다. 성령이 도와주셔야 한다는 것이다. 그런가 하면 감사와 관련해서 가장 먼저 회복해야 하는 것은 십자가 은혜에 대한 감사의 회복이다.

> 우리가 아직 연약할 때에 기약대로 그리스도께서 경건하지 않은 자를 위하여 죽으셨도다 … 우리가 아직 죄인 되었을 때에 그리스도께서 우리를 위하여 죽으심으로 하나님께서 우리에 대한 자기의 사랑을 확증하셨느니라 롬 5:6,8

이 십자가 사랑에 대한 감사와 감격이 먼저 회복되면 나머지는 그냥 따라오게 되어 있다. 하나님을 향한 감사, 나를 구원해주신 은혜에 대한 기쁨은 놀라운 역사를 만들어낸다.

감사는 기적이다. 우리의 가정과 삶이 죽은 고목 같을지라도 감사로 인해 새로운 꽃이 피는 놀라운 역사가 시작되리라 믿는다.

누가복음 17장 11-19절

예수께서 예루살렘으로 가실 때에 사마리아와 갈릴리 사이로 지나가시다가 한 마을에 들어가시니 나병환자 열 명이 예수를 만나 멀리 서서 소리를 높여 이르되 예수 선생님이 여 우리를 불쌍히 여기소서 하거늘 보시고 이르시되 가서 제사장들에게 너희 몸을 보이라 하셨더니 그들이 가다가 깨끗함을 받은지라 그중의 한 사람이 자기가 나은 것을 보고 큰 소리로 하나님께 영광을 돌리며 돌아와 예수의 발아래에 엎드리어 감사하니 그는 사마리아 사람이라 예수께서 대답하여 이르시되 열 사람이 다 깨끗함을 받지 아니하였느냐 그 아홉은 어디 있느냐 이 이방인 외에는 하나님께 영광을 돌리러 돌아온 자가 없느냐 하시고 그에게 이르시되 일어나 가라 네 믿음이 너를 구원하였느니라 하시더라

02

감사는 표현이다

1990년대에 활동하던 장 도미니크 보비라는 프랑스 사람이 있다. 이분은 세계적인 여성 잡지 〈엘르〉의 편집장이었을 뿐만 아니라 잘 생긴 외모, 화려한 언변으로 프랑스 사교계를 풍미했다고 한다. 이렇게 잘나가던 사람이 43세가 되던 해에 완전한 절망을 경험한다. 갑자기 뇌졸중으로 쓰러졌는데, 3주 만에 의식이 돌아오긴 했지만 락트-인 증후군(Locked-in syndrome)에 빠진 것이다. 락트-인 증후군은 의식은 있지만 전신마비로 인해 몸을 움직일 수 없는 상태를 말한다.

얼마나 고통스럽겠는가? 머리로는 온 세상을 날아다니는데, 몸은 꼼짝할 수 없다. 모든 신체가 다 마비되었고 움직일 수 있는 곳은 딱 한 군데, 왼쪽 눈꺼풀뿐이었다. 그런데 그는 유일하게 움직일 수 있는 왼쪽 눈의 깜빡임으로 신호를 만들었다. 예를 들면, 눈을 한 번 깜빡이면 '예', 눈을 두 번 깜빡이면 '아니오' 하는 식이다. 이것을 알파벳으로 연결시켜 글을 썼다. 어떤 날은 문장 하나를 쓰는데 하룻밤을 꼬박 보냈다고 한다. 그렇게 해서 나온 책이 《잠수종과 나비》이다. 이 책을 읽으며 밀려오는 감동에 이런저런 생각을 하게 되었다. 책에 이런 내용이 있다.

"끊임없이 입속에 과다하게 고이다 못해 입 밖으로 흘러내리는 침을 정상적으로 삼킬 수만 있다면 세상에서 가장 행복한 사람이 된 기분일 것 같다."

이 짧은 한마디가 나에게 큰 충격을 주었다.

장 도미니크 보비의 이 글을 읽으며 이지선 교수가 떠올랐다. 대학 시절 교통사고로 큰 화상을 입으며 어려운 시간을 보냈지만, 그것을 잘 극복해 낸 이지선 교수. 그녀는 그 과정을 통과하면서 너무나 감동적인 모습을 보여주었다. 이지선 교수가 했던 말이 가끔씩 떠오른다. 이지선 교수는 화상으로 눈썹이 사라지고 나니 하나님의 솜씨인 눈썹이 대단한 것임을 알게 되었다고 했다. 땀이 흐르면 눈으로 들어가지 않고 옆으로 흐르도록 빗물받이 역할을 하는 것이 눈썹이더란다. 눈썹을 잃고 나니까 땀이 자꾸 눈으로 들어가서 불편했다고 했다.

장 도미니크 보비가 "흘러내리는 침을 삼킬 수만 있다면 세상에서 가장 행복한 사람입니다"라고 쓴 글을 읽으며 나는 인간의 미련함에 대해 생각했다. 인간의 미련함이란, 그것을 누리고 있을 때는 그 가치를 모른다는 것이다. 잃어버리고, 놓치고 나면 흘러내리는 침을 삼키는 것조차 세상에서 가장 행복할 수 있는 조건이 될 수 있다는 것을 깨닫는다. 이것이 인간의 미련함 아닌가? 이런 면에서 볼 때 우리가 지금 놓치고 있는 현실의 감사가 얼마나 많겠는가?

언젠가 상담하던 이십 대 자매와 대화하면서 해준 말이 있다.

"너희들 때는 여드름도 나고 얼굴이 이렇다 저렇다 생각하며 불평도 많을 나이지만, 내 나이쯤 되어보면 '이십 대'라는 그 자체가 아름다움이라는 걸 알게 돼."

내 나이가 되면 여드름도 안 난다. 여드름이 나면 여드름이 나서 아름다운 것이다. 이십 대는 그 존재 자체가 아름다운 때니까. 나이가 들어 되돌아갈 수 없는 지금에 와서야 '아, 그 이십 대 때가 아름다웠는데…' 하고 있으면 무슨 소용이 있겠는가. 이것이 우리의 미련함이다. 내가 감사목회를 선언한 것도 이 때문이다. 지나고 깨닫지 말고, 당겨서 깨닫고 감사하며 인생의 폭을 넓히자는 의미이다.

예수님의 문제 제기

누가복음 17장에는 예수님께 고침 받은 열 명의 나병환자에 대한 이야기가 나온다.

예수께서 예루살렘으로 가실 때에 사마리아와 갈릴리 사이로 지나가

시다가 한 마을에 들어가시니 나병환자 열 명이 예수를 만나 멀리 서
서 소리를 높여 이르되 예수 선생님이여 우리를 불쌍히 여기소서 하
거늘 눅 17:11-13

예수님은 절박한 나병환자들을 고쳐주셨다.

보시고 이르시되 가서 제사장들에게 너희 몸을 보이라 하셨더니 그
들이 가다가 깨끗함을 받은지라 눅 17:14

이렇게 예수님은 열 명의 나병환자들을 고쳐주셨는데, 고침 받은
열 명의 나병환자 중에서 딱 한 명만 예수님께 되돌아와서 감사를
표현한다. 그를 보신 주님이 이렇게 말씀하셨다.

그중의 한 사람이 자기가 나은 것을 보고 큰 소리로 하나님께 영광
을 돌리며 돌아와 예수의 발아래에 엎드리어 감사하니 그는 사마리
아 사람이라 예수께서 대답하여 이르시되 열 사람이 다 깨끗함을 받
지 아니하였느냐 그 아홉은 어디 있느냐 눅 17:15-17

이 말씀을 읽고 묵상하다 보면 "그 아홉은 어디 있느냐?"라고 물
으시는 예수님의 외침이 내 마음을 울린다. 이 말씀에 여러 가지 의
미가 담겨 있음을 깨닫게 된다. 나는 예수님이 제기하신 이 말씀에

서 세 가지 메시지를 발견했다.

신앙은 관계이다

첫째, 신앙생활은 '관계의 문제'라는 것이다.

신앙을 거래 관계로 생각하는 사람이 있다. 열 명의 나병환자들이 누가복음 17장 12,13절에서 소리치며 고쳐달라고 부르짖었고, 그 결과 14절에서 고침 받았다.

보시고 이르시되 가서 제사장들에게 너희 몸을 보이라 하셨더니 그들이 가다가 깨끗함을 받은지라 눅 17:14

신앙생활이 거래 관계라고 생각하는 사람이 누가복음을 기록했다면 이 내용을 다루는 말씀은 14절로 끝났을 것이다. 병 고침을 받았는데 더 기록할 것이 뭐가 있겠는가? 그런데 성경은 여기서 끝나지 않고, 그 뒤 17절에서 예수님이 문제를 제기하시는 것까지 기록하고 있다. 이것이 의미하는 것이 뭘까? 신앙생활이란 마치 열 명의 나병환자가 고침을 받고 끝나는 거래 관계가 아님을 가르쳐주는 것이다. 요한도 이렇게 말했다.

우리가 보고 들은 바를 너희에게도 전함은 너희로 우리와 사귐이 있게 하려 함이니 우리의 사귐은 아버지와 그의 아들 예수 그리스도와

우리의 신앙생활은 '병들었다 → 기도했다 → 고쳐주셨다'로 끝
나는 거래 관계가 아니다. 신앙은 하나님과의 사귐의 관계이며, 그
로 인한 '나와 너'와의 관계 회복이다. 그것이 본문이 전하는 메시
지다.

이런 사실을 잘 알기에 나는 하나님과의 관계 회복을 위해 매일
기도한다. 그리고 그 '하나님과의 관계 회복'이 내가 목회하는 분당
우리교회 성도들과의 관계 회복에 영향을 미치기를 기도한다. 설교
도 마찬가지이다. 나는 설교를 준비할 때마다 하나님이 내게 주신
십자가 사랑에 대한 감격의 힘으로 준비하기 원한다. 그리고 그 은
혜를 되갚는 심정으로 설교 준비에 힘쓴다. 그리고 이것이 성도들
을 사랑하는 마음의 회복으로 연결되어서, 내가 전하는 설교가 '사
랑의 외침'이 되기를 사모하며 말씀을 준비한다.

나는 복음의 능력이 나타나는 설교를 하고 싶다. 강단에서 능력
의 말씀이 선포되어야 한 주 내내 세상에서 시달리면서 받은 성도들
의 상처가 치유될 수 있기 때문이다. 그래서 기도한다.

'하나님, 엿새 동안 세상에서 힘들게 사는 성도들이 많습니다. 못
된 사람, 힘든 상황을 만나 마음이 상하고 자존감이 무너져 울고
싶은 성도들도 많을 텐데, 오늘 제가 하나님께서 주시는 영감으로
설교를 잘 준비해서 주일날 그들이 세상에서 받은 상처를 치유하는

데 이 말씀이 도구로 쓰임받기를 원합니다.'

성도들의 아픔이 복음으로 치유 받는 데 나의 설교가 사용되기를 원한다. 그래서 종종 생각한다. 설교학 교수가 100점을 주는 설교도 귀하지만 삶의 현장에서 받은 상처가 치유되고, 용기를 잃은 성도가 복음으로 다시 용기를 되찾는 일에 쓰임 받는 설교라면 무엇을 더 바라겠는가?

주님과의 관계가 회복되고 가슴이 뜨거워지면 주님이 너무나 소중히 여기시는 주님의 자녀들을 향해 어떻게 해서든 주님의 마음을 전하고 말씀으로 은혜를 끼치고 싶어서 안달복달하며 설교를 준비하게 된다. 그렇기 때문에 '이 정도면 됐겠지' 싶어서 완성된 설교를 프린트해놓고 잠들었다가도 주일 새벽에 일어나면 그냥 찢어버릴 때가 많다. 인간이 얼마나 게으른 존재인지, 원고를 프린트해놓으면 더 고치고 싶지 않아진다. 한 주 내내 준비했는데 또 들여다보는 게 엄두가 안 난다. 하지만 찢어버리면 다시 프린트를 해야 하니까 한 번 더 보게 되는 것이다. 그래서 1부 예배 설교를 마치고 나면 설교 원고를 찢어버린다. 그리고 다시 프린트하기 전에 처음부터 또 본다. 2부 예배 마치고 원고를 또 찢어버린다.

왜 그렇게까지 해야 하는가? 신앙은 거래 관계가 아니기 때문이다. 마음이 들어가야 한다. 이제는 교회가 커져서 성도 한 사람 한 사람과 만나 대화하고 교제하지는 못하지만, 영과 영이 서로를 신뢰하고 사랑하며 교제하는 기쁨을 누리는 데가 교회다. 나는 우리

교회가 '거래 관계'로 맺어진 공동체가 아니라 십자가 사랑으로 맺어진 '관계 공동체'이기를 간절히 바란다.

감사는 표현이다

두 번째로, 예수님의 문제 제기에서 얻을 수 있는 교훈은 '감사는 표현'이라는 사실이다.

나는 예수님께로 되돌아가서 감사를 표현하지 않은 아홉 사람을 생각하며 이런 상상을 해보았다.

'그들이 예수님을 찾아가지 않았다 뿐이지 그들도 마음으로 고마워했는지 어떻게 아는가? 혹시 그들이 내성적인 성격이어서 쑥스러워서 감사를 표현하지 못했을 수도 있지 않을까?'

이런 상상을 하면서 본문을 읽다 보니, 이 말씀이 감사의 속성이 가진 중요한 포인트를 강조하는 말씀이라는 생각이 들었다. 이게 무슨 말인가 하면, 만약 감사를 마음으로만 해도 된다고 한다면, 예수님을 찾아와 감사를 표한 한 명의 나병환자에게 이런 말씀을 던지셨을 것이다.

"예수께서 이르시되 뭐하러 왔느냐? 공연한 짓을 하였도다. 나머지 아홉처럼 마음으로 감사하면 되느니라."

이런 나의 상상과는 달리 성경에서 예수님은 나머지 아홉은 어디 있느냐고 말씀하신다. 마음으로 감사를 했는지 여부는 중요하지 않고, 감사는 표현하는 것까지 이루어져야 완성되는 것이란 뜻이다.

우리 대부분이 놓치는 것이 이 부분이다. 부부 간에, 부모님에게, 자녀에게, 선생님에게, 친구에게, 어느 고마운 분에게 우리는 마음으로만이 아니라 실제 입술로 표현하는 것까지 가야 온전한 감사가 된다는 것이다.

우리 교회는 10월 마지막 주일을 '청년주일'로 드린다. 이날은 기성세대 어른들이 청년들을 마음껏 축복하는 날이다. 청년들이 그것을 참 고마워한다. 그래서 청년주일이면 청년들이 교회 마당에서 고구마를 구워 성도들을 대접하기도 하고, 예배를 드리고 귀가하는 어른들에게 따뜻한 커피를 한 잔씩 대접하기도 한다. 이런 귀한 행사가 매년 계속되고 있다. 그런데 어느 해인가 가슴 아픈 이야기를 들었다. 그해에도 청년들이 정성을 다해 성도들을 섬겼다. 무려 1천여 잔 이상의 커피를 전하며 정성을 다해 섬겼다고 한다. 그런데 그 커피를 받고 고맙다는 인사를 한 분이 극소수여서 청년들이 상처를 받았다는 이야기였다. 쌀쌀한 날씨에 따뜻한 커피를 건네는 청년이 고맙지 않은 사람이 어디 있겠는가? 하지만 마음으로만 고마워했기에 청년들이 상처를 받은 것이다.

어떤 목사님이 미국에 유학 갔을 때 경험한 이야기다. 앞에 가던 사람이 건물에 들어가면서 문을 열고는 가지 않고 있더란다. 자기가 한 5미터쯤 뒤에 가고 있었는데, 지나가라고 문을 잡고 기다려준 것이다. 너무 감동을 받은 목사님은 '유학 마치고 한국에 가면 나도 저렇게 해야지'라고 생각했고, 한국에 돌아와서 실천했다. 그런데 뒤에서 오는 사람을 위해 문을 열어주었더니 이상한 사람처럼 쳐다보고 가더란다. 민망해서 더 이상 그렇게 못하겠더라고 했다. 나도 종종 경험하는 민망한 일이기에 그 목사님의 경험이 쓴 미소를 짓게 했다. 호의를 베풀지 않는 것도 나쁜 태도이지만, 호의를 베풀 때 그것을 감사함으로 받지 못하는 것도 나쁜 태도이다.

미국의 노스캐롤라이나대학교 연구진이 65쌍의 부부를 두 그룹으로 나누어 관찰하는 실험을 했다. 아주 사소한 것에도 감사 표현을 잘하는 부부와 그렇지 않은 부부를 대상으로 조사를 했는데, 작은 일에도 배우자에게 고마움을 잘 표현하는 부부가 그렇지 않은 부부보다 긍정적인 마음이 생길 확률이 열 배라고 한다.

죽고 사는 것이 혀의 힘에 달렸나니 혀를 쓰기 좋아하는 자는 혀의 열매를 먹으리라 잠 18:21

혀를 쓰기 좋아하는 자는 그 결과물인 '혀의 열매'를 먹는다고 한다면, 나는 지금 어떤 열매를 먹고 있는가? 생각해봐야 할 문제이다.

감사는 표현이다. 감사 목회를 선포해야겠다고 결심한 이후 나름 많은 실험을 거쳤다. 아내에게 제일 많이 실험을 했다. 계속 감사를 표현했더니 놀라운 결과가 나타났는데, 그 결과는 나 자신의 변화로 나타났다. 물론 상대방인 아내의 기분이 좋아지기도 했지만, 감사를 계속 표현했더니 아내를 보는 내 태도가 달라진 것이다. 아내가 점점 더 좋은 사람으로 보이고, 점점 더 깊은 사랑이 느껴졌다. 저녁에 집에 들어가자마자 오늘도 당신이 보고 싶었다고 표현하자, 실제로 낮 동안에 아내가 보고 싶어지는 날들이 많아졌다. 이런 경험이 쌓여가자 내 마음의 건강한 감정을 표현한다는 것이 가진 힘, 특히 상대방을 향한 감사의 표현이 가진 힘이 얼마나 큰지를 실감하게 되었다.

이것은 목회 현장에서도 예외 없이 나타난다. 함께 사역하는 교역자나 직원들의 수고에 진심으로 감사하고, 그리고 그 감사를 직접 표현할 때 내 마음에 행복이 찾아오는 것을 종종 경험한다. 감사를 자주 표현해야 하는 이유가 여기에 있다. 그것이 내게 행복감을 느끼게 해주기 때문이다.

감사는 더 큰 감사를 불러온다

세 번째로, 예수님의 문제 제기에서 얻을 수 있는 교훈이 하나 더 있는데, '감사는 더 큰 감사를 불러온다'는 사실이다.

이런 말을 들어본 적이 있는가?

"감사에는 문이 있어서 감사하면 문이 열리고 길이 열린다."

마음에 품고 있는 명언 중 하나이다. 본문이 이 이야기를 드러내는 것 아닌가? 열 명의 나병환자가 다 고침을 받았는데, 아홉 명은 감사를 안 했고 한 명만 감사했다. 그런데 감사한 한 사람에게 어떤 길이 열렸는가?

그에게 이르시되 일어나 가라 네 믿음이 너를 구원하였느니라 하시더라 눅 17:19

육신의 질병을 고쳐주신 것이 '1'의 감사라면 영혼이 구원받는 것은 '1만'의 감사 아닌가? 나병환자가 육신의 병을 고침 받아 좋아 죽을 것 같았지만, 어차피 좀 더 살다가 죽었을 것이다. 그러니 육신의 병을 고침 받는 게 '1'이라면, 나병환자가 감사함으로 주님께 받았던 그 선포, "네 믿음이 너를 구원하였느니라"라는 선포는 가슴이 터질 것 같은, 비교할 수 없이 더 큰 감사 제목을 얻은 것 아닌가?

감사의 고백을 통해 또 다른, 더 큰 감사 제목을 얻을 수 있었던 것이다. 그래서 감사는 더 큰 감사를 불러온다는 것이다.

우리가 감사의 폭을 넓히는 게 얼마나 중요한지를 잘 표현한 찬송이 있다.

세상 모든 풍파 너를 흔들어 약한 마음 낙심하게 될 때에
내려주신 주의 복을 세어라 주의 크신 복을 네가 알리라

어떤 상황인가? 세상 풍파에 시달려 낙심하게 되었다. 친정엄마

가 병원에 갔더니 갑자기 암이란다. 오후에 남편에게 전화가 왔는데 실직을 당하게 되었단다. 그때 어떻게 해야 할까? 세상 풍파가 나를 막 흔들어댈 때 우리의 본능은 낙심과 그로 인한 원망과 불평을 말하겠지만, 의지적으로 그동안 주신 복을 세어보라는 것이다. 내가 얼마나 많은 복을 누렸는지 말이다. 2절 가사도 마찬가지다.

세상 근심 걱정 너를 누르고 십자가를 등에 지고 나갈 때
주가 네게 주신 복을 세어라 두렴 없이 항상 찬송하리라

사명이 너무 무거워서 마음이 무너질 때, 아이는 속 썩이고 가정은 힘이 들 때 우리는 뭘 해야 하는가? 그동안 우리에게 주신 복을 세어보라는 것이다. 그 복을 세어볼 때 사명이 회복되는 것이다.

이 찬양에서 반복하는 후렴구가 있다.

받은 복을 세어보아라 크신 복을 네가 알리라
받은 복을 세어보아라 주의 크신 복을 네가 알리라

감사는 더 큰 감사를 불러온다는 사실을 기억하면서 그동안 주신 복을 세어보자. 헬렌 켈러처럼 장애 때문에 불편한 것에 집중하지 말고 주신 많은 복들을 세어보자. 그래서 우리의 삶이 감사로 풍성한 삶이 되게 하자.

사무엘하 6장 12-19절

어떤 사람이 다윗 왕에게 아뢰어 이르되 여호와께서 하나님의 궤로 말미암아 오벧에돔의 집과 그의 모든 소유에 복을 주셨다 한지라 다윗이 가서 하나님의 궤를 기쁨으로 메고 오벧에돔의 집에서 다윗 성으로 올라갈새 여호와의 궤를 멘 사람들이 여섯 걸음을 가매 다윗이 소와 살진 송아지로 제사를 드리고 다윗이 여호와 앞에서 힘을 다하여 춤을 추는데 그때에 다윗이 베 에봇을 입었더라 다윗과 온 이스라엘 족속이 즐거이 환호하며 나팔을 불고 여호와의 궤를 메어오니라 여호와의 궤가 다윗 성으로 들어올 때에 사울의 딸 미갈이 창으로 내다보다가 다윗 왕이 여호와 앞에서 뛰놀며 춤추는 것을 보고 심중에 그를 업신여기니라 여호와의 궤를 메고 들어가서 다윗이 그것을 위하여 친 장막 가운데 그 준비한 자리에 그것을 두매 다윗이 번제와 화목제를 여호와 앞에 드리니라 다윗이 번제와 화목제 드리기를 마치고 만군의 여호와의 이름으로 백성에게 축복하고 모든 백성 곧 온 이스라엘 무리에게 남녀를 막론하고 떡 한 개와 고기 한 조각과 건포도 떡 한 덩이씩 나누어주매 모든 백성이 각기 집으로 돌아가니라

03

감탄하고 감사하라!

많은 사람들이 나이가 들어서 슬프다고들 하는데, 나는 나이가 들어가면서 좋은 점이 많다는 생각을 한다. 그중에서도 둔감해지는 것이 나는 좋다. 예전에는 중요하지도 않은 것에 민감했고 그로 인한 고민도 많았고 피곤할 때도 많았는데, 나이가 들어가면서 그런 부분에 점점 무뎌지는 것 같아서 감사한 마음이다.

예를 들면, 예전에는 누가 뭐라고 칭찬을 하면 기분이 좋아졌는데 나이 들어갈수록 그런 칭찬에도 무덤덤해지는 것을 느낀다. 그런가 하면 누가 모함이나 비난을 하거나 악플을 달아도 예전처럼 마음 깊이 상처로 다가오지 않고 '그렇게 생각할 수도 있구나' 하며 무덤덤하게 받아들여질 때가 많다. 상대방의 지적에 마음의 동요가 크지 않으니, 오히려 그 지적으로 나를 돌아보고 점검하게 되는 유익을 얻을 때가 많아 얼마나 감사한지 모른다. 사실, 이는 삼십 대 젊은 시절부터 하나님께 구하던 것이었는데, 나이 들수록 그 기도가 응답되는 것 같아서 감사하다.

"민감할 때 민감하고, 둔감할 때 둔감하자."

이것은 내 마음에서 오래 외쳐오고 있는 구호이다. 이런 차원에서도 점점 무뎌져 가는 것이 좋다는 생각을 하곤 한다. 그런데 이것과 관련해서 고민도 있다. 무뎌지지 말아야 할 것까지 무뎌지는 현상 때문이다.

언젠가 유명한 작곡가 한 분과 만나 대화를 나눈 적이 있다. 그때 그 분도 비슷한 고민을 털어놓았다. 곡을 쓰려면 예민한 영감이 필요하지 않은가? 우리 같은 사람은 그냥 지나칠 만한 것을 예민하게 바라보고 잡아내야 곡이 나오고 가사가 나오는데, 수많은 곡을 작곡한 그 분의 고민은 나이가 들면서 영감이 자꾸 무뎌진다는 것이었다.

매주 설교를 준비해야 하는 입장에서 나도 너무 공감이 되었다. 사십 대 초반 분당우리교회를 개척했을 당시를 회고해보면 여러 가지 어설픈 것이 많았고 실수도 많았지만, 그때는 성경을 읽으면 영감의 불꽃이 튀었다. 말씀을 묵상해도 설교에 적용하고 접목할 내용들이 금방금방 떠올랐다. 그런데 요즘에는 불꽃이 잘 안 튄다. 그래서 설교를 준비하는 데 두 배 이상의 정성을 들여야 겨우 유지가 되는 것 같다. 이처럼 나이가 들어가며 감각적으로 무뎌지는 것이 내 삶을 불편하게 하기도 한다.

감동과 기대도 습관이다

송정림이란 작가가 쓴 《감동의 습관》이라는 책에서 비슷한 고민을 발견했다.

나의 기대를 넘어서는 일들에 감동하곤 했습니다. 생각하지 못했던 선물, 예상을 뛰어넘는 성과, 뜻밖으로 나를 알아주는 누군가의 마음…. 그런데 그런 일들의 반복은 오히려 감동으로부터 나를 멀어지게 만들었습니다. … 나이가 들어가고, 예전보다 조금 더 많은 것들을 가지게 되면서, 그렇게 서서히 감동으로부터 멀어졌습니다. 예전의 나를 감탄케 했던 그 많은 일들이 무료한 일상처럼 스쳐 지나갔습니다.

딱 내 이야기 같았다. 내가 중고등부에 다니던 시절에는 선생님이 떡볶이 한 그릇만 사주셔도 그 감사와 감격이 며칠을 갔던 기억이 지금도 남아 있다. 내가 중학교 2학년 때 분반공부를 해주시던 선생님은 당시 대학생이었다. 한번은 선생님이 명절에 우리에게 영화를 한 편 보여주었는데, 그 영화의 내용은 하나도 기억나지 않지만 선생님이 영화를 보여주었다는 것에 대해 감사하고 감동했던 기억은 지금까지도 잊히지 않는다. 영화 한 편을 보여주는 것이 평생에 잊히지 않을 만한 감동으로 다가왔던 시절이었다. 그래서 그때는 참 행복했었다.

그러면서 저자는 예전에 자기가 경험했던 소소한 일상의 감동적인 순간들을 열거해놓았는데, 너무 공감되었다.

좋아하는 작가의 신작 소설을 사 들고 책상에 앉았을 때,
기차 시간표를 보며 여행의 계획을 세우던 스무 살의 여름,
무심히 올려다본 하늘에서 비행기가 낮게 지나가던 순간,
생각지도 않았던 친구에게서 전화가 걸려온 봄날 오후,
비 내리던 날, 할 일 없이 따뜻한 방에 들어앉아 마셨던 커피,
증오하던 누군가를 용서했을 때,
눈물로 밤을 지새운 어느 새벽에 느껴지던 바람…

혹 이런 일상의 소소한 감격과 기쁨을 잃어버린 채 살아가고 있지는 않은가? 연탄으로 겨울을 나던 시절, 웃풍을 맞으며 긴 겨울을 보내본 사람은 기다리던 봄날 뺨을 스치던 따스한 봄바람의 기억을 잊지 못한다. 요즘엔 겨울 날씨가 예전처럼 매섭지 않아 겨울 같지 않기도 하고, 어디를 가든 차를 타고 다녀서 겨울 추위를 느끼지 못하는 이들도 많다. 추위를 느껴야 봄을 기다릴 텐데 말이다.

이분이 《설렘의 습관》이라는 책도 썼는데, 그 책을 소개하는 글에 이런 문구가 있었다.

"두근대면 무죄! 설레지 않으면 유죄!"

나는 이 구호를 예배에 접목해보았다. 똑같은 시간에 예배를 드리고 있어도 너무나 설레는 마음으로 예배를 드리는 사람이 있다. 그는 무죄다. 반면 아무런 설렘이나 기대감 없이 예배에 나온다면, 그는 유죄다.

아낌없이 감격을 표현한 다윗

이런 생각을 하는데 문득 다윗 왕이 떠올랐다. 춤을 추며 기뻐하는, 감성이 살아 펄떡거리던 다윗 왕의 모습이 생각나면서 너무 부러웠다.

다윗은 왕이 된 후에 오랫동안 방치해두었던 언약궤를 가져오기로 결심한다. 그리고 우여곡절 끝에 드디어 언약궤가 성으로 들어오는 날, 다윗은 이런 모습을 보였다.

다윗이 여호와 앞에서 힘을 다하여 춤을 추는데 그때에 다윗이 베 에봇을 입었더라 다윗과 온 이스라엘 족속이 즐거이 환호하며 나팔을 불고 여호와의 궤를 메어오니라 삼하 6:14,15

여기서 "힘을 다하여"란 부분을 원문 그대로 직역하면 '온 힘을 다하여'이다. 한마디로, 쥐어짜듯이 온 힘을 다하여 왕의 체면도 다 벗어버리고 기쁨에 겨워 미친 듯이 춤을 추고 있는 것이다. 그 모습이 얼마나 부러운지 모른다.

살다 보면 도저히 주체가 안 될 만큼 기쁨이 넘치는 순간이 있지 않은가? 너무 기뻐서 이대로 죽어도 여한이 없겠다는 생각이 드는 순간 말이다. 최근에 이런 순간을 경험한 적이 있는가? 그런 기쁨의 감격을 표현한 적이 있는가? 한 번도 없었다면 유죄다. 우리에게는 이 마음의 회복이 필요하다. 특히 신앙생활과 관련해서는 더 그렇다.

엿새 내내 세상에서 어둡고 우울하게 지내며 겨우겨우 버티며 살다가도, 주일에 모여 기쁨에 겨워 함께 춤을 추고 감격할 수 있는 공동체가 있다는 것은 얼마나 감사한 일인가? 세상은 점점 더 복잡해질 것이다. 우리 마음을 아프게 하는 일들은 점점 더 많아질 것이다. 세상이 달라지면 행복해질 것이라는 기대는 버리자. 대신에 세상이 어떻든 관계없이 나는 주님 안에서 기쁨을 회복하겠다고 다짐하자. 기쁨과 행복은 주님 안에서 내가 만들어가는 것이다.

이를 위해 몇 가지 목표를 가졌으면 한다. 행복을 만들어가는 과정에서 우리가 꼭 품어야 할 목표들에 대해 생각해보자.

감탄을 회복하라

행복을 만들어가기 위해 품어야 할 첫 번째 목표는 '감탄'을 회복하는 것이다.

이스라엘에게 언약궤는 하나님 임재의 상징이었다. 그러니 '그렇게 오랫동안 방치되었던 언약궤가 드디어 성으로 들어오는데 다윗이 춤추고 기뻐하는 것은 당연한 것 아닌가?'라고 생각할 수도 있겠지만, 다윗의 아내 미갈의 반응을 보면 꼭 그렇지만도 않은 것 같다. 미갈의 반응을 보라.

여호와의 궤가 다윗 성으로 들어올 때에 사울의 딸 미갈이 창으로 내다보다가 다윗 왕이 여호와 앞에서 뛰놀며 춤추는 것을 보고 심중에 그를 업신여기니라 삼하 6:16

여기 나오는 "창으로 내다보다가"라는 표현을 통해 알 수 있는 것은, 미갈은 지금 그 기쁨의 무리에서 떨어져나와 격리되어 있는 상태라는 것이다.

똑같이 예배를 드리는데, 어떤 사람은 손수건을 꺼내서 눈물 흘리며 감격으로 드리는 반면, 어떤 사람은 그 사람의 눈물을 공감하지 못한다. 감정적으로 격리가 되어 있는 것이다. 이렇게 '창으로 내다보듯' 예배를 드리는 사람들이 있다.

또한 미갈은 다윗을 마음으로 업신여겼다. 이 본문으로 설교 준비를 할 때 설교의 제목을 '웃음과 비웃음'으로 잡았었다. '웃음과 비웃음'이라니, 글자 한 자 차이인데, 너무 엄청난 차이 아닌가? 당신은 최근 감격에 겨운 어린아이와 같은 웃음이 많았는가? 아니면 미갈과 같은 비웃음이 많았는가?

본문을 유심히 보면, 미갈을 소개하는데 '다윗의 아내' 미갈로 표현하지 않고 '사울의 딸' 미갈이라고 표현하고 있다. 미갈은 어릴 때부터 왕궁에서 자라며 공주의 신분으로 갖추어야 할 체면과 체통이 많았다. 그 기준으로 남편을 보니까 '무슨 왕이 체통 없이 저렇게 춤을 추고 있느냐'며 비웃게 되는 것이다.

나는 이것이 모태신앙인들이 가진, 극복하지 않으면 안 되는 문제 중에 하나라고 생각한다. 그들은 예배에 대해 선입견이 많다. 예배는 엄숙하게 드려야 한다는 생각에만 고정되어 있으면 많은 것을 잃는다. 미갈처럼 왕은 춤을 추면 안 된다고 생각하는 고정관념의 틀에 갇혀 자기를 자꾸 억압하는 것이다.

은혜를 받아 용솟음쳐 오르게 되는 기쁨은 체면을 밀어내버린다. 이런 관점으로 자기를 돌아봐야 한다. 미갈과 같이 무엇이 우리의 감격을 억누르게 만드는가? 예배를 드리다가 말씀에 은혜 받고 찬양을 부르다 보면 자기도 모르게 손이 올라가는 것이다. 시켜서 올리는 것이 아니라, 어느 순간 보니까 자기 손이 올라가 있는 것이다. 이런 감격으로 예배를 드린 적이 몇 번이나 있었는가? 이것을 회복해야 한다.

주신 은혜를 기억하며 감탄하라

우리는 하나님이 주신 우주 만물을 보면서 하나님께 감탄할 수 있다.

여호와 우리 주여 주의 이름이 온 땅에 어찌 그리 아름다운지요 주의
영광이 하늘을 덮었나이다 시 8:1

등산을 하다가 나무 한 그루를 보면서도 거기에 하나님의 솜씨
가 느껴져서 감탄해본 적이 있는가? 그 나무 한 그루 때문에 가슴
이 뛰어본 적이 있는가? 나는 등산을 좋아한다. 이름 모를 나지막
한 나무 한 그루, 들풀 하나. 등산을 하다가 서서 한참을 들여다보
면서 감격하고, 설교의 영감을 얻은 적이 여러 번 있었다. 길을 가다
가 어느 공원 한구석에 1센티미터 정도밖에 안 되는 생명을 발견하
고 가슴이 뛰었던 순간이 지금도 잊히지 않는다. 우리는 이런 감탄
을 회복해야 한다.
　그런가 하면 자기 자신에 대한 감탄을 회복해야 한다.

주의 손가락으로 만드신 주의 하늘과 주께서 베풀어두신 달과 별들
을 내가 보오니 사람이 무엇이기에 주께서 그를 생각하시며 인자가
무엇이기에 주께서 그를 돌보시나이까 시 8:3,4

내가 제대로 예수를 믿고 변화되고 난 후에 진짜 달라진 것이 있
다면 나 자신을 바라보는 눈길이다. 나는 모태신앙임에도 불구하
고 제대로 은혜를 받기 전에는 '걸어 다니는 열등감'이었다. 내 삶
자체가 열등감이었다. 열등감을 가질 만한 요소를 많이 가지고 있

기도 했다. 그런데 제대로 은혜를 받자 하나님께서 만드신 존재로서의 존귀한 나 자신이 느껴지기 시작했다. 물론 외적으로 보기엔 부족한 것이 많지만, 그럼에도 불구하고 "사람이 무엇이기에 주께서 그를 생각하시며 인자가 무엇이기에 주께서 그를 돌보시나이까"라는 말씀처럼 또 다른 차원으로 나의 존귀함을 볼 수 있게 된 것이다.

시편 기자는 또 "내가 주께 감사하옴은 나를 지으심이 심히 기묘하심이라"(시 139:14)라고 했다. 못생기면 못생겨서, 잘생기면 잘생겨서, 키가 크면 키가 커서, 키가 작으면 키가 작아서 하나님의 지으심이 심히 신기하다. 은혜를 받고 나면 자신에게 감탄할 일이 많아진다. 누가 뭐라고 하든 우리는 하나님 앞에서 모두 신묘막측한 존재이다. 그러므로 자신을 보며 많이 감탄하기 바란다.

또한 주변 사람에 대한 감탄을 회복해야 한다. 앞에서 언급했듯 이 본문은 미갈에 대해 '다윗의 아내'라고 하지 않고 '사울의 딸'이라고 표현했다. 나는 이 부분을 읽으면서 진정으로 남편의 기쁨에 공감할 줄 모르면 '다윗의 아내가 아니라 사울의 딸이 되는구나'라는 생각을 했다.

이 땅의 모든 남편과 아내들은 자기 배우자에게 인정받기를 원한다. 이 사실을 꼭 기억해야 한다. 나는 많은 사람 앞에서 설교를 하지만, 예배를 마치고 집으로 돌아가며 기대하는 것은 한 사람, 아내의 한 마디다.

"오늘 말씀 좋았어요. 말씀 준비를 많이 하셨나 봐요."

이 한 마디가 모든 피곤을 녹인다.

아내도 마찬가지일 것이다. 온종일 아이들을 돌보고 빛도 나지 않는 집안 살림으로 고생하는데, 퇴근하고 돌아온 남편이 "당신이 있어서 내가 밖에서 편하게 일했어. 당신 정말 대단해"라고 하면 그 한 마디에 하루의 모든 피곤이 다 씻기지 않을까? 그런데도 그걸 못한다. 미갈처럼 비웃고 비아냥거리는 말은 사람을 변화시키지 못한다. 감탄이 필요하다.

나에게는 잊을 수 없는 추억의 장소가 있다. 몇 년 전 미국에 갔을 때 아는 목사님이 자기 동네에 유명한 관광명소가 있다고 하면서 나를 그곳으로 데리고 가셨다. 그 목사님에 대한 예의로 '참 좋네요'라고 했지만, 사실은 마음에 별 감동이 생기지 않았다. 미갈처럼 비웃지는 않았지만, 큰 감동은 없었다. 그런데 이상한 일이 생겼다. 그렇게 무덤덤하게 다녀온 그곳인데, 세월이 지날수록 그날, 그 장소가 잊히지 않고 점점 더 선명하게 기억에 남는 것이다.

이 독특한 일은 어디에서 시작된 것일까? 그것은 그날 보았던 경치가 점점 좋아졌기 때문이 아니라, 그날 그 자리에서 보았던 미국 사람들의 격한 반응 때문이었다. 내가 무덤덤하게 바라보는 그곳을 바라보며 "뷰티풀! 원더풀!"을 연발하며 자기가 사용할 수 있는 모든 감탄사를 다 사용하던 그 모습을 보며 당시에는 속으로 '이게 이렇게까지 감탄할 정도인가?' 했지만, 시간이 갈수록 감탄에 감탄을 연발하던 미국 사람들의 모습이 잊히지 않는 것이다.

언어는 많이 쓰는 단어가 발달한다고 하는데, 영어에는 감탄사가 정말 많다. 김정훈 교수의 책에 보면, 영어만 그런 것이 아니라고 한다. 이분이 독일로 유학을 갔는데, 그렇게 무뚝뚝해 보이는 독일 사람들도 매일 '분더바'(wunderbar)를 연발하더란다. '분더바'(wunderbar)는 영어로 '원더풀'(wonderful)이다. 독일 사람들은 식당에서 주문한 음식이 나와도 "분더바!"를 외치면서 음식을 받는다고 한다. 우리와 가까운 일본에도 감탄사가 많다고 한다. 그런데 나는 아직까지 한국 식당에서 설렁탕이 나오면 독일 사람들이 "분더바!"를 외치듯 감탄하며 먹는 사람을 본 적이 없다. 음식이 나오면 그저 "밥 먹자" 하는 것이 끝이다. 이런 의미에서 유대교 신학자 아브라함 헤셸이 했다는 말이 마음에 남는다.

"나는 하나님께 성공을 구한 적이 없다. 다만 경이와 감탄을 구했다. 그리고 하나님은 그것을 허락하셨다."

나는 여기에 한 구절을 덧붙이고 싶다.

"그리고 나는 행복했다."

성공이 행복을 가져다줄까? 수십만 원짜리 호텔 뷔페 식사라도 이런 감격이 없으면 행복한 마음으로 먹는 설렁탕 한 그릇만 못한 법이다. 우리 모두가 이런 감탄을 회복할 수 있기를 바란다.

감사를 회복하라

우리 행복을 만들어가는 과정에서 품어야 할 두 번째 목표는 '감사의 회복'이다.

다윗이 왕의 체통도 벗어던지고 춤을 추며 기뻐하는 것을 보고 아내인 미갈이 조롱하자 다윗은 이렇게 말한다.

다윗이 미갈에게 이르되 이는 여호와 앞에서 한 것이니라 그가 내 아버지와 그의 온 집을 버리시고 나를 택하사 나를 여호와의 백성 이스라엘의 주권자로 삼으셨으니 내가 여호와 앞에서 뛰놀리라 삼하 6:21

다윗의 감탄에는 하나님의 은혜에 대한 억누를 수 없는 감사가 있었다. 감탄과 감사의 차이는 무엇일까? 사전에는 '감탄'은 '마음 속 깊이 느끼어 탄복함'이라고 되어 있다. 즉 감탄은 내 안에서 우러나오는 것이고, 그것을 상대방에게 표현하는 것이 감사이다. 한자로 '감사'(感謝)는 '느낄 감'(感), '사례할 사'(謝)로 되어 있다. 또한 '사'(謝)는 '말씀 언'(言)과 '쏠 사'(射)가 합쳐져서 만들어진 글자이다. 즉 속으로 기쁜 것, 속으로 느끼는 것은 감사가 아니다. 양궁에서 활을 쏘듯이 '말'을 쏠 때 감사가 일어나는 것이다.

윌리엄 아서 워드는 이런 말을 했다.

"감사를 느끼지만 표현하지 않는 것은 선물을 포장해놓고 주지 않는 것과 같다."

선물을 주지 않고 포장만 해놓으면 무슨 소용이 있겠는가? 나는 이 말에 충격을 받았다. 그동안 포장만 해놓고 전달하지 못한 선물이 내 마음의 창고에 얼마나 쌓여 있을까?

감사는 표현하지 않으면 잃어버리게 된다. 그러므로 작은 것일지라도 우리 안의 감탄을 감사로 쏘아낼 수 있기를 바란다.

우리 모두에게 감탄이 회복되기를 바란다. 그리고 그 중심에 하나님의 은혜에 대한, 십자가의 은혜에 대한 감탄이 녹아 있는 감사가 있기를 바란다. 그 은혜를 넘치게 표현하시기를 바란다. 매일 하나님의 말씀을 바탕으로 감사의 제목을 적어나가고, 그 감사를 표현하는 것을 실천하는 훈련을 해보기를 바란다.

예배로 회복하라

우리 행복을 만들어가는 과정에서 품어야 할 세 번째 목표는 감탄과 감사를 회복하되, '예배를 통해서' 회복하라는 것이다.

다윗이 미갈에게 이르되 이는 여호와 앞에서 한 것이니라 그가 네 아버지와 그의 온 집을 버리시고 나를 택하사 나를 여호와의 백성 이스라엘의 주권자로 삼으셨으니 내가 여호와 앞에서 뛰놀리라 **삼하 6:21**

내가 주목하는 것은, 미갈의 말을 향한 다윗의 반박의 시작이 '여호와 앞에서'이고, 그 반박의 마무리도 '여호와 앞에서'로 끝내고 있다는 점이다. 그리고 그 연장선으로 묘사되고 있는 22절의 다윗의 말도 감동이다.

"내가 스스로를 보아도 천한 사람처럼 보이지만, 주님을 찬양하는 일 때문이라면, 이보다 더 낮아지고 싶소. 그래도 그대가 말한 그 여자들은 나를 더욱더 존경할 것이오." **삼하 6:22, 새번역**

우리의 모든 감탄과 감사도 여호와 앞에서 이루어져야 한다. 주신 은혜에 대한 감사와 감격, 십자가 사랑에 대한 감사와 감격 모두 다 말이다. 그래서 A. W. 토저는 이렇게 말했다.

"예배 없이 감탄할 수 있지만, 감탄 없이 예배할 수 없다!"

우리는 모두 약점이 많은 인간이라, 예배에도 권태기가 올 때가 있다. 처음에는 눈물로 예배를 드렸는데, 2,3년이 지나면 무덤덤해진다. 더군다나 십 년 이상 오로지 담임목사의 설교만 듣다 보면 그 말씀이 식상해질 수 있다. 나는 우리 교회 초창기 멤버들에게 '목사님, 지금도 목사님 말씀에 은혜 받고 있어요'라는 인사를 받을 때면 그 말에 이렇게 응수한다.

"정말 놀라운 일이네요? 집사님의 깊은 영성에 감동받습니다."

그 말은 진심이다. 비슷한 나의 설교를 십수 년 동안 들으면서도 여전히 은혜를 받으신다면, 그것은 내 설교의 깊이 때문이 아니라 그 분의 믿음의 깊이 때문이다. 그런데 이런 깊이 있는 믿음을 가진 분들이 많아서 감사할 때가 많다.

최근에 내가 존경하는 목사님의 동생이 교회에서 큰 상처를 받아서 어느 교회에도 소속되지 못하고 있다는 소식을 들었다. 통화를 하는데 그 동생이 눈물을 쏟아냈다. 모든 상처가 다 아픔이 되지만, 교회에서 받은 상처는 유난히 더 큰 아픔이 된다. 그만큼 기대가 크기 때문일 것이다.

그런데 그 동생이 하는 말이 예배를 통해 아픔이 치유되어가고 있다는 것이다. 그러면서 그동안 자기는 '설교 듣는 것'만을 예배라고 생각했는데, 지금은 예배의 모든 순서가 다 은혜가 되기 시작했다는 것이다. 어느 날엔 예배를 시작하는 찬양을 부르는데, 마음에 하나님의 임재하심이 느껴지며 눈물이 쏟아졌다고 한다. 그날, 예배의 시작부터 그렇게 눈물을 주셨다는 것이다. 그러니 예배의 감격 회복을 통해 지난 시간 받았던 상처들이 치유되는 역사가 일어나는 것이다. 기대감을 가지고 예배에 임하는 성도가 누리는 특권이 얼마나 큰지 실감할 수 있었다.

말씀을 듣는 태도도 마찬가지이다.

에스라가 모든 백성 위에 서서 그들 목전에 책을 펴니 책을 펼 때에 모든 백성이 일어서니라 에스라가 위대하신 하나님 여호와를 송축하매 모든 백성이 손을 들고 아멘 아멘 하고 응답하고 몸을 굽혀 얼굴을 땅에 대고 여호와께 경배하니라 느 8:5,6

말씀을 대하는 지도자 에스라와 백성들의 태도가 귀하지 않은가? 하나님은 이런 기대감을 가지고, 그리고 이런 감탄과 감사로 드리는 예배를 기뻐하신다.

감탄은 행복을 가져온다

언젠가 텔레비전을 보다가 눈물을 흘린 적이 있다. 서울에 할머니, 할아버지들에게 한글을 가르쳐주는 양원초등학교라는 곳이 있다. 학생들이 대부분 70,80대의 어르신들인데, 한 어르신 부부의 인터뷰를 듣다가 눈물이 난 것이다.

할아버지는 집안이 너무 어려워서 초등학교 1학년에 들어갔다가 그만두셨다고 하고, 할머니는 학교 문턱에도 못 가보신 것 같았다. 평생 글자를 모르고 살다가 늦게 한글을 배우신 것이다. 할머니는 열두 살 되던 해에 상경하여 식모살이를 했는데, 주인이 아주 못된 사람이었다. 연탄값이 아깝다고 열두 살짜리 아이를 냉방에서 재워 밤새 추위에 떨어야 했고, 밥도 보리에 동태 머리만 넣고 끓인 개죽 같은 것을 주었다고 한다.

게다가 부부싸움을 한 날이면 주인 여자가 뾰족구두로 이 어린아이의 발등을 찍기도 했다고 한다.

이것이 어린아이의 마음에 얼마나 큰 상처를 주었겠는가? 이 할머니가 어린 시절에 겪어야 했던 아픈 일들을 설명하시는데, 그 이야기를 듣는 프로그램 진행자가 감정이 이입되었는지 분노했다. 어떻게 어린아이에게 그런 짓을 할 수 있느냐고. 그러면서 할머니에게 제안하기를 예전의 그 못된 주인이 지금 TV를 보고 있을지 모르니

화면을 보면서 한마디 하시라고 했다. 그러자 그 할머니가 주저주저하시다가 겨우 한마디 하셨다.

"아줌마, 어느 곳에 계실지는 모르지만 지금 제 얼굴을 보면 아줌마가 알지 모르겠어요. 그러나 그때 아주머니가 제게 행했던 일은 아실 겁니다."

여기까지 말을 이어가던 할머니가 주저주저하며 겨우 다음 말을 계속했는데, 놀랍게도 할머니의 입에서 나온 말은 자기를 그토록 괴롭혔던 옛 주인에 대한 울분과 분노의 표현이 아니라 따뜻한 축복의 말이었다.

"아줌마, 편안한 마음으로 잘하고 사십시오. 우리도 잘하고 살겠습니다. 안녕히 계세요."

이 순박하고 순수하신 할머니의 말씀을 듣는데 내 눈에 눈물이 고였다. 평생 한을 준 사람인데 끝끝내 그 사람을 용서하고 축복하는 말로 마무리하는 할머니가 나를 울렸다. 비록 글자도 배우지 못하신 채 사셨던 분이지만, 박사보다 나은 분이었다. 행복이 뭔지 아는 분이셨다.

부부간에는 또 얼마나 애정 표현을 많이 하시는지 모른다. 한글날을 맞아서 찾아간 이 부부에게 자음과 모음 블록을 가지고 가장 좋아하는 단어를 만들어보라고 했더니 할아버지는 할머니의 이름 석 자를 만드셨다. 또 할머니는 배운 글자를 더듬더듬 맞추며 길게 이렇게 쓰셨다.

"사랑하는 우리 신랑, 너무너무 사랑해요. 행복하게 삽시다."

할머니는 말끝마다 '우리 신랑'을 달고 사셨다. 우리 신랑을 만나서 이렇게 살고 있다는 자랑이자 감사였다. 이런 행복의 비결도 모르고 산다면 석사학위, 박사학위가 무슨 소용이겠는가?

우리에게는 감탄이 필요하다. 그리고 그 감탄을 입술로 표현하는 감사가 필요하다. 들꽃 하나를 보고도 감탄이 나올 수만 있다면, 그 은혜에 대한 감사를 표현할 수 있다면 얼마나 좋을까. 예배를 통해 이런 감탄과 감사를 회복하기를 바란다. 습관적으로 해오던 예배를 멈추고 예배에 들어가는 첫 찬양부터 하나님의 영광을 구했으면 좋겠다. 너무 익숙해서 입에 맴돌기만 하던 찬양의 한 구절한 구절에 우리의 영혼을 담고, 주님을 향한 감탄을 가지고 올려드릴 수 있기를 바란다.

우리 안에 감탄이 회복되고, 그 감탄에 십자가의 은혜에 대한 감사가 배어 있어서 예배를 드릴 때마다 그 감탄과 감격으로 내 영혼이 회복되고, 가정이 회복되길 바란다. 우리가 변할 때 그 모습을 보는 자녀도 회복된다. 그래서 어린 시절부터 하나님이 지으신 신묘막측한 자신에 대한 감탄과 긍지를 가지고 달려갈 수 있게 된다. 우리가 다 이런 감탄과 감사가 생생하게 넘치게 되기를, 우리 가정이 다 그 감탄과 감사로 회복되기를 바란다.

빌립보서 4장 11-13절

내가 궁핍하므로 말하는 것이 아니니라 어떠한 형편에든지 나는 자족하기를 배웠노니 나는 비천에 처할 줄도 알고 풍부에 처할 줄도 알아 모든 일 곧 배부름과 배고픔과 풍부와 궁핍에도 처할 줄 아는 일체의 비결을 배웠노라 내게 능력 주시는 자 안에서 내가 모든 것을 할 수 있느니라

04

자족 연습

오래전에 텔레비전에서 방영한 〈빨강머리 앤〉이라는 애니메이션을 기억하는 사람이 많을 것이다. 나는 소설가 백영옥 씨가 쓴 《빨강머리 앤이 하는 말》이라는 책을 읽으면서 여러 가지 도전을 받았다. 11세의 고아 소녀 빨강머리 앤이 남긴 주옥같은 명언들을 되짚어보는 책이었는데, 만화에 나오는 대사이긴 했지만 진한 감동과 도전을 주었다. 그 어린아이가 어떻게 그렇게 힘든 상황에서도 낙심하지 않고 놀라운 희망을 계속 노래할 수 있었을까? 예를 들면 이런 것이다.

빨강머리 앤이 어느 날 지긋지긋한 고아원을 벗어나게 되었다. 어느 집에 입양이 되기로 한 것이다. 드디어 고아원을 벗어나게 되었다는 기대감에 부풀어 있었는데 문제가 생겼다. 그 집에서는 남자아이를 원했는데, 여자아이가 오니까 다시 고아원으로 돌려보내려 했던 것이다. 그런데 내가 받은 감동은, 이처럼 가기 싫은 고아원을 눈물을 머금고 다시 되돌아가야 하는 낙심된 상황에서 그 어린 앤이 하는 말이, "저는 이 드라이브를 마음껏 즐기기로 작정했어요. 즐기겠다고 결심만 하면 대개 언제든지 그렇게 즐길 수가 있어요"였다.

그리고 이런 말도 했다.

"아, 이렇게 좋은 날이 또 있을까? 이런 날에 살아 있다는 사실만으로도 행복하지 않니? 이런 날의 행복을 누리지 못하는 아직 태어나지 못한 사람들이 불쌍해."

지금 앤은 도망치고 싶었던 고아원으로 되돌아가는 중이다. 그 길에서 스쳐가는 아름다운 광경을 보면서 탄성을 지르며 이런 이야기를 하는 것이다.

"너무 오래 슬픔에 빠져 있기엔 세상이 참 흥미롭지 않나요?"

이게 어린 앤이 가진 긍정적인 삶의 태도였다. 앤은 감동적인 말들을 참 많이 했는데, 그중에서도 내가 고른 명언 몇 가지를 인용해보자.

"이 길모퉁이를 돌면 무엇이 있을지 알 수 없지만 저는 가장 좋은 게 있다고 믿을래요."

이런 말도 있다.

"저는 뭔가를 즐겁게 기다리는 것에 그 즐거움의 절반은 있다고 생각해요. 그 즐거움이 일어나지 않는다고 해도 즐거움을 기다리는 동안의 기쁨이란 틀림없이 나만의 것이니까요."

또 이런 말도 했다.

"저요, 오늘 아침은 절망의 구렁텅이에 빠져 있지 않아요. 아침부터 그런 절망의 구렁텅이에 빠져 있어야 되겠어요. 아침이 있다는 건 참 좋은 일이에요."

어려움 속에 있는 어린아이의 너무나 주옥같은 말들에 나도 많은 도전을 받았다. 저자 백영옥 씨는 이 책을 쓰게 된 사연을 이렇게 밝히고 있다.

"오래전, 침대에 누워 천장의 무늬를 하염없이 바라보고 있었다. 나는 지쳐 있었다. 인간관계에서 실패했고, 소설가가 되겠다는 오랜 꿈에서 멀어졌고, 결국 회사에 사표를 냈다. 버튼 하나 누를 힘이 없었지만, 빨강머리 앤 애니메이션 시리즈를 봤다."

어떤 상황인지 알겠지 않은가? 회사에 사표를 내고 패배자가 된 느낌으로 멍하니 천장을 보고 있는데 빨강머리 앤의 대사가 들린 것이다. 그때 귀에 들어온 대사가 이것이었다.

"엘리자가 말했어요! 세상은 생각대로 되지 않는다고. 하지만 생각대로 되지 않는다는 건 정말 멋져요. 생각지도 못했던 일이 일어나는걸요."

꼭 자기에게 하는 얘기처럼 들렸다. 저자는 이 부분을 이렇게 표현한다.

"스톱 버튼! 눈물이 핑. 앤의 말을 한 번, 두 번, 세 번 더 들었다. 결국 눈물이 흘러내렸다."

이렇게 그녀는 빨강머리 앤이 한 말을 노트에 받아 적기 시작했다. 그러면서 용기를 얻고 다시 소설을 쓰기 시작했다. 지금 이분은 아주 유명한 소설가가 되어 있다. 그 계기가 바로 이 〈빨강머리 앤〉에 나오는 어린아이의 대사로부터 시작된 것이다.

내게 주어진 상황에 어떻게 대응할 것인가?

존 맥아더 목사님의 《자족연습》이라는 책의 추천글에 이런 내용이 나온다.

"잘못된 상황 때문에 망하는 사람은 없으나 잘못된 대응으로 망하는 사람은 많다."

빨강머리 앤이 주는 교훈이 바로 이것이다. 우리 대부분은 잘못된 상황 때문에 망하는 것이 아니라, 그 상황에 잘못 대응하기 때문에 어려움을 겪고 망한다는 말이다. 빌립보서 4장 11절 말씀도 마찬가지이다.

> 내가 궁핍하므로 말하는 것이 아니니라 어떠한 형편에든지 나는 자족하기를 배웠노니 **빌 4:11**

우리는 '궁핍'이라는 상황 때문에 망하는 것이 아니라, 궁핍한 상황에 잘못 대처하기 때문에 망하는 것이다. 그것이 현실이다. 바울은 자기에게 주어진 상황을 긍정적인 태도로 바라보았다. 그는 어떤 상황에서도 "나는 자족하기를 배웠다"라고 말한다. 이것이 바울의 귀한 점이다.

우리가 주님 안에서 건강하고 기쁜 생활을 누리기 위해 반드시 회복해야 할 두 가지 균형이 있다. 이 두 가지 균형이 우리 삶의 지침이 되면 좋겠다.

자족을 연습하라

첫 번째로 우리가 회복해야 될 균형은 '자족을 연습하는 것'이다.

바울은 어떤 형편에 처하든지 자족하는 법을 배웠다고 말한다. 그러고는 이어서 구체적인 내용을 설명한다.

> 나는 비천에 처할 줄도 알고 풍부에 처할 줄도 알아 모든 일 곧 배부름과 배고픔과 풍부와 궁핍에도 처할 줄 아는 일체의 비결을 배웠노라 빌 4:12

여기 나오는 '배우다'라는 표현은 학교나 학원에서 이론을 배우는 것을 의미하는 것이 아니라, 삶의 현장에서 직접 경험하며 배우는 것을 뜻한다. 또한 이 말씀에 "나는 비천에 처할 줄도 알고 풍부에 처할 줄도 알아"라면서 '안다'라는 동사가 두 번 나오는데, 이는 비천과 풍부 모두에서 자족하는 법을 배웠음을 강조하는 말씀이다. 이처럼 바울은 어떤 상황이 주어지든지 그 상황을 '자족을 배우는 도구'로 승화시켜왔음을 강조하고 있다.

빌립보서 4장 6절도 마찬가지이다.

아무것도 염려하지 말고 다만 모든 일에 기도와 간구로, 너희 구할 것을 감사함으로 하나님께 아뢰라 빌 4:6

염려가 찾아올 때, 그 염려를 기도의 재료로 그리고 감사의 재료로 바꾸어버리겠다는 것이다. 자기 안의 염려를 주님 앞에 나가는 계기가 되게 하겠다는 의지를 피력한 것이다. 그래서 WBC 주석에서는 본문을 이렇게 설명한다.

"하나님께서는 좋은 시기와 나쁜 시기를 통하여 굶주림과 결핍에 대처하는 방법뿐만 아니라 풍부한 음식과 부요에 대처하는 방법도 가르쳐주셨다."

이 주석을 읽으며 떠오르는 성경 구절이 있었다.

형통한 날에는 기뻐하고 곤고한 날에는 되돌아보아라 이 두 가지를 하나님이 병행하게 하사 사람이 그의 장래 일을 능히 헤아려 알지 못하게 하셨느니라 전 7:14

잘못된 상황 때문에 망하는 사람은 없지만 잘못된 대응으로 망하는 사람이 있는 것이라면, 우리에게 어려운 일이 찾아올 때 "이 두 가지를 하나님이 병행하게 하사"라는 관점에서 그 일들을 바라보며 우리가 하나님을 더 의지하도록 이런 일들을 도구로 주셨다고 수용하는 것은 얼마나 건강한 태도이며 반응인가?

내가 믿음의 선배인 윗대 어른 목사님들을 부러워하는 많은 이유가 있지만, 그중에서도 특히 부러운 것이 있다면 윗대 어른 목사님들은 인터넷이 없는 시대에 목회를 하셨다는 점이다. 나는 이 점을 진심으로 부러워한다. 그 시절에 무슨 가짜 뉴스가 있었고, 인터넷으로 퍼지는 음모나 모함들이 있었겠는가? 이런 일로 아픔을 겪은 적이 많다 보니 이런 생각이 절로 드는 것이다.

그런데 나는 "피할 수 없다면 즐겨라"라는 말을 되뇌이면서 이런 현실을 수용하려고 애쓴다. 그리고 한 걸음 더 나아가서 "피할 수 없다면 그것을 내 자족의 도구로 사용해버려라. 자족을 연습하는 기회로 만들어버려라. 그러면 하나님이 반드시 도와주신다" 하는 다짐을 하곤 한다.

얼마 전에 마음이 힘들고 복잡한 때가 있었다. 스트레스가 쌓일 때는 먹는 게 최고다 싶어서 아내와 함께 짜장면을 맛있게 한다는 집을 찾아가 보았다. 가서 맛있는 음식을 잘 먹고 나니 스트레스가 조금 풀렸다. 식사를 마치고 계산을 하려는데, 조금 전에 어떤 분이 계산을 하고 갔다면서 그 분이 전해달라고 했다는 쪽지를 건네주었다.

성도에게, 그것도 누군지 잘 모르는 성도에게 식사를 대접받는 것은 늘 내 마음을 부담스럽게 만든다. 죄송하기 때문이다. 게다가 그날은 작정하고 가서 음식을 이것저것 시켜먹었던 터라 금액도 적지 않았을 것이기에 마음이 많이 쓰였다. 그런데 그 분이 남긴 쪽지를 읽으면서 '아, 이것이 하나님의 배려구나'라는 생각을 했다. 쪽지에는 이런 글이 쓰여 있었다.

"목사님, 저는 분당우리교회에서 2015년부터 2016년까지 예배를 드렸던 집사입니다. 고향 교회에서 모함을 받아 쫓기듯 나와 마음이 무너지고 있을 때 분당우리교회에서 드린 예배와 목사님의 말씀에 큰 위로를 받고 지금은 다른 교회에서 감사의 신앙생활을 하는 중입니다. 너무 감사해서 식사대접합니다. 목사님, 감사합니다."

쪽지에는 다니던 교회에서 억울한 일을 당하고 아픈 상태에서 분당우리교회에서 예배를 드리다가 지금은 가까운 교회로 가서서 잘 적응하고 있다는 내용이 적혀 있었다.

'아픈 사연을 겪으신 분이구나'라는 생각이 들어 격려와 감사를 표하고 싶어졌다. 그래서 어렵게 연락처를 얻어 전화로 이런저런 대화를 나누었는데, 그날 오히려 내가 많은 위로를 받았다. 그렇게 통화를 마쳤는데, 잠시 후에 문자가 왔다.

"너무 억울했습니다. 많이 울었습니다. 복수하고 싶었습니다. 그러나 그것은 주님이 원하시는 것이 아니었음을 4년이 지난 후에 알게 하셨고, 여전히 용서하는 과정에 있습니다. 그런 중에 목사님을 우연히 식당에서 뵈었고 마음으로 정말 감사했습니다. 하나님께서 목사님을 통해 저에게 주신 위로와 가르침을 마음에 담고 제가 받은 십자가 사랑을 꼭 세상에 흘려보내며 살겠습니다."

4년이 지났지만 여전히 용서하는 과정에 있다는 것, 이것이 정직한 고백 아닌가? 나는 늘 이런 식으로 일하시는 하나님이 경이롭다. 억울한 일을 만나 답답하던 내가 짜장면 한 그릇으로 위로 삼고 싶어 찾아간 식당인데, 하나님은 그곳에서 나보다 훨씬 더 억울하고 마음이 상해 있는 한 성도를 만나게 하신 것이다. 그리고 그분의 성숙한 모습을 보면서 위로 받게 하신 것이다.

내가 모세에 대한 설교를 한 적이 있는데, 이분이 그 설교를 들은 이후의 마음에 대해서도 나누어주셨다.

"그날 목사님의 말씀을 통해 주님의 뜻을 다시 한번 알게 되었습니다. '내 교만이 그 사람의 마음을 상하게 했구나'라고 저를 돌아보게 되었고, 모함을 받고 원망하는 저의 상황에서 모세와 같이 주님께 부르짖어야 한다는 것을 알게 되었습니다. 분노하고 복수하는 것이 아니라 오히려 저를 돌아보며 고향 교회를 위해 눈물로 기도하는 사람으로 이끌어주셨습니다."

정말 대단한 크리스천의 모습 아닌가? 부끄러웠다. 견디기 힘든, 상상을 초월하는 모함을 받아 복수하고 싶었고, 4년이 지나도 완전히 용서되지 않는 상황에서도 말씀으로 살아보려고 애쓰는 그분을 하필 그 식당에서 만나게 된 것은, 하나님이 그를 미리 그 자리에 예비해주셨기 때문이다.

목회에 대해 회의가 오고 '도대체 이게 뭔가' 싶은 자리에 빠져 있을 때, 하나님이 그 분을 통해서 한편으로 위로하시는 동시에 또 다른 한편으로는 "네가 지금 현실을 얼마나 과장하고 있는지 아느냐?"라고 꾸짖으시는 것 같았다.

"잘못된 상황 때문에 망하는 사람은 없으나 잘못된 대응으로 망하는 사람은 많다."

이 말이 내게 얼마나 큰 지침이 되는지 모른다.

나는 비천에 처할 줄도 알고 풍부에 처할 줄도 알아 모든 일 곧 배부름과 배고픔과 풍부와 궁핍에도 처할 줄 아는 일체의 비결을 배웠노라 빌 4:12

우리도 바울의 권면을 받아 이런 귀한 결단을 할 수 있었으면 좋겠다.

'이왕 이런 일이 벌어져버렸는데 어떻게 대처하면 좋을까? 이것이 궁핍으로 모는 일이든 부요함으로 모는 일이든, 내가 겪는 이 땅의 모든 일을 자족을 배우는 훈련의 도구로 삼아야겠다!'

내게 능력 주시는 분을 기억하라

두 번째로, 건강한 신앙생활을 위해서 회복해야 할 두 번째 균형
은, '내게 능력을 주시는 분'이 계심을 기억하는 것이다.

바울은 빌립보서 4장 11,12절에서 이런 아픈 일이나 저런 좋은
일들을 모두 자족을 배우는 훈련의 도구로 삼는 일체의 비결을 배
웠다고 했다. 그러나 여기에서 끝나지 않았다. 만약 그렇게 끝났
다면 그건 성경이 아니라 자기계발서일 것이다. 정말 중요한 것은
사도 바울이 그렇게 말씀을 끝내지 않고 다음 말을 기록했다는 것
이다.

내게 능력 주시는 자 안에서 내가 모든 것을 할 수 있느니라 빌 4:13

이것이 빨강머리 앤과 사도 바울의 결정적인 차이다. 이것이 의지
력이 강한 세상 사람과 예수 믿는 우리의 결정적인 차이다. 우리는
내 의지로, 내 힘으로 살아가는 것이 아니다. 우리는 이런 일들을
통해서 이 사실을 알아가는 것이다.

'내게 능력 주시는 분이 내 안에 계신다. 나는 그분과 연합하여 살
아간다. 내가 그분을 의지하기만 하면 그분은 내게 힘을 주신다.'

에베소서 6장 10절도 마찬가지다.

끝으로 너희가 주 안에서와 그 힘의 능력으로 강건하여지고 엡 6:10

이 구절에서 '강건하여지고'라는 단어가 가장 눈에 띄겠지만, 더 중요한 것은 강건해진다는 결과보다 그것이 가능하도록 하는 '주 안에서'와 '그분이 주시는 힘'이다. 여기에 주목해야 한다. 이것을 구현해내는 것이 신앙생활이다.

손을 들고 하나님을 찬양하며 하나님을 의지한다고 하면서도 결정적인 문제 앞에서는 세상 사람과 크게 다를 바 없는, 그래서 내가 해보겠다고 하다가 실패감으로 외로이 눈물을 짓는 것이 우리의 모습은 아닌가?

목사인 나 역시도 그 굴레에서 자유롭지 못하기 때문에 목회에 회의가 온다고 느끼는 것이다. 들려오는 거짓된 모함에 참기 힘들고 '십수 년간 해왔던 설교만 들어봐도 알 수 있는데 왜 이런 거짓 모함을 할까?' 하는 억울한 마음이 든다면, 그것은 내가 거기에 신경을 쓰고 있다는 뜻 아니겠는가?

모든 것을 다 해결한 완결자가 설교하는 게 아니다. 똑같이 약한 육신을 가지고, 똑같이 마음이 쓰이는 사람이다. 하나님께서는 그 짜장면 집에서까지 사람을 보내주시며, 오늘도 능력 주시는 분을 왜 인식하지 않고 사느냐고 깨우쳐주신다.

하나님께서 주시는 그 힘으로 지금까지 버텨내고 있는 것 아닌가? 능력 주시는 그분이 아무런 능력도 없는 나를 지금까지 인도해주셨는데 왜 삶에 회의가 드는가? 내게 능력 주시는 그분을 알고 있는 우리는 우리 힘으로 해보려다가 좌절하여 홀로 눈물지으면 안 된다. 하나님 안에 머물며 그분의 능력을 의지해야 한다.

나를 능하게 하신 그리스도 예수 우리 주께 내가 감사함은 **딤전 1:12**

삶을 수용할 때 주어지는 감사

말씀을 준비하며 순애보가 넘치는 어느 부부가 떠올랐다. 결혼하기 전, 아내가 루푸스 병을 만났다. 루푸스는 몸의 면역체계가 이상을 일으켜서 자기 인체를 공격하는 무서운 병이다. 이 병이 눈을 공격하면 실명될 위험이 있고, 무릎을 공격하면 관절이 다 망가지고, 심장을 공격하면 심장이 망가진다. 게다가 병의 원인을 아직 찾지 못해서 치료 약도 없다.

그런데 이 소식을 들은 남편이 퇴원하고 얼마 되지 않은 자매에게 만나자고 연락을 했다. 자매의 표현으로는, 얼굴이 풍선처럼 부어 있는 상태였는데 계속 만나자는 연락이 와서 만났는데, 청혼을 했다고 한다. 이 자매의 마음에 '총각 인생 망칠 일이 있나' 싶어 결혼을 안 하겠다고 했다. 그런데도 집요하게 프러포즈해서 결국 결혼을 하게 되었다. 정말 아름다운 순애보 아닌가?

이렇게 결혼한 지 5년이 지났다. 감상주의에 빠져 로맨틱한 결혼을 한 부부 중에서 시간이 지나 현실에 눈을 뜨고 제정신이 돌아오면서 마음이 어려워지는 경우가 종종 있다. 그래서 이 부부는 어떻게 지내고 있는지 궁금해서 한번 만났다. 결혼하고 아내가 5개월만에 다시 중환자실에 입원하는 등 난관이 많았는데도, 그들은 여전히 서로 사랑하며 섬기고 있었다. 그 모습에 내가 큰 감동을 받았다.

이 감동적인 만남 후에 부부가 각자 내게 메일을 보내왔는데, 그 메일을 읽고는 또다시 감동이 밀려왔다. 남편은 자신의 처지를 이렇게 표현했다.

1년에 여러 차례의 입원과 퇴원의 반복.
퇴근 후 병원 의자에서의 쪽잠.
두 번의 유산으로 아이를 양육하는 행복과 기쁨은
아직 모르는 부부.
풍요롭거나 넉넉함과는 거리가 먼,
돈이 생겨도 부채 때문에 만져보지도 못하고 사라지는 유리 통장.
힘들어도, 가장의 무게로 지쳐도,
누구에게 쉽게 내색하거나 표현하지 못하는 남편의 삶.

그리고 이어서 이렇게 썼다.

아마 세상 사람들의 눈으로 바라보았을 때는 내가 참 한심하고 불쌍한 사람으로 보일 것입니다. 그렇지만 믿음의 눈으로 바라보면 이렇게 감사한 일로 바뀝니다.
'루푸스'라는 희귀성 난치병을 가진 자매를 부부로 맺어주셔서 나 자신이 먼저가 아니라 자매를 먼저 배려할 수 있는 마음을 주심에 감사합니다. 병이 더 악화되기 전에 입원으로 예방해주심에 감사드리고, 또한 회복되어 퇴원할 수 있게 해주셔서 감사드립니다. 유아부 아이들과 자녀들이 많은 다락방(소그룹)을 허락해주셔서 한두 명이 아닌 수십 명의 아이들과 함께하는 기쁨과 행복을 주심에 감사드리고, 넉넉하지는 않지만 주일 헌금과 십일조를 드릴 수 있는 기쁨을 주심에 감사드립니다. 가장의 무게와 삶의 힘든 부분들을 다락방에서 나누고 함께 울고 위로받음으로 치유의 은사를 주심에 감사드립니다. 내가 현재 상황을 어떻게 보느냐의 시각에 따라 감사한 일들이 매 순간 넘쳐나는 걸 느끼면 하나님이 주신 감사가 이렇게 많음에 놀라게 될 것입니다.

온통 '감사'라는 표현으로 도배된 남편의 편지를 읽는데 마음에 감동이 밀려왔다. 감사에 대해서 이렇게 생각해본 적이 있는가? 이 땅의 모든 사람은 다 감사할 수 있어도 나는 감사할 수 없는 형편에 빠져 있다는 생각에 빠져 있는가? 만약 그런 생각을 가졌다면 이 부부의 감사를 한번 들어보라. 아내가 보내온 편지는 이렇다.

오늘 목사님을 만나 저희가 살아온 순간들을 다시금 얘기할 수 있어서 감사했습니다. 제가 중환자실에서 사경을 헤맨 지도 벌써 7,8년이 지나갑니다. 하나 확실한 건 하나님을 몰랐고 감사를 몰랐다면 내가 이 모든 것들을 버텨낼 수 없었다는 것입니다. 제 삶에 칭칭 얽매어 지금의 남편과 결혼하지도 못했을 것 같고, 모든 것을 포기하고 죽었거나 정신과 치료를 받고 있을 것 같다는 생각이 듭니다.

중환자실에 두 번이나 들어가면서도, 의사 선생님에게 살 확률이 20퍼센트밖에 안 된다는 판정을 들어도, 감사하게도 단 한 번도 하나님을 원망한 적이 없었지요. 어떻게 그럴 수 있었을까요? 저는 그 고통 속에서 빠져나오게 해달라고 매달리는 기도를 드린 것이 아니라 지금 하나님께서 이끌어가고 계심을 강하게 믿었고, 그 믿음으로 성장해왔던 것 같아요.

저도 세어보지 않아서 몰랐는데, 병원 차트를 보니 27회나 입원을 했더군요. 27회 입원 기간 중 특별새벽기도회 기간일 때가 꽤 많았습니다. 그때마다 동생이 노트북을 가져와 예배를 드리곤 했는데, 당장 교회로 달려가 예배드리고 싶은 마음이었습니다. 아마 그 마음은 겪어본 사람만 알 수 있을 거예요. 정말 숨 쉬고 살아 있고, 그래서 교회에 갈 수 있는 게 얼마나 감사하고 또 감사한 일인지 말입니다.

욥기 말씀을 참 많이 읽었는데, 말씀이 주는 위로는 정말 말할 수 없는 기쁨과 감사로 다가왔습니다. 그 말씀으로 같은 병실에 계신 암 환우 분께 작게나마 전도할 수 있는 용기도 얻었지요.

그 자매는 중환자실에 입원하고 있으면서도 암으로 고통스러워하고 있는 주변 환우들에게 자기가 만난 하나님에 대해 글을 써서 전하곤 했다고 한다. 이것이 얼마나 감동적인가? 자매의 고통은 지금도 끝나지 않았다. 그렇지만 여전히 감사를 이어가고 있다. 자매는 편지의 마지막에 이렇게 썼다.

지금도 루푸스 외에 자가면역성 간경화로 복수가 차고, 언제 간 이식을 해야 할지 모르는 상황에 처해 있고, 갑상선저하증으로 늘 부어 있고 살이 찌고, 여자로서 외모를 다 포기하게 만들고, 뇌하수체에 종양이 있고, 폐동맥 고혈압으로 값비싼 약을 계속 복용해야 하고, 그 밖의 자잘한 여러 가지 질병과도 앞으로 싸워나가야 하지만, 저는 계속 계속 감사할 수밖에 없는 것 같아요. 지금까지 믿고 하나님을 따라왔고, 죽이시는 것도 살리시는 것도 하나님이심을 잘 알기에 그냥 감사할 수밖에 없는 것 같아요. 기쁠 때나 고난 속에서나 하나님만 바라보고 감사하며 나아가는 저희 부부가 되기를 소망합니다.

부부의 편지는 온통 감사로 도배가 되어 있었다. 남편은 인테리어 관련 일을 하고 있는데, 주변 평이 참 좋았다. 너무나 정성스럽게 일을 해주어서 일을 부탁한 집마다 만족하고 있다는 것이다. 어떻게 이런 일이 가능할까? 이 남편에게는 '내게 능력 주시는 주님'이 계셨다. 일을 할 때마다 그 주님이 맡겨주신 사명이라 생각하며 하니 대충할 수 없었고, 그것이 이분에게 좋은 평판을 선물한 것이다.

고난 중에 찬양한 다윗

나는 이 부부를 만나고, 또 부부의 편지를 보면서 시편 63편을 생각했다. 시편 63편은 다윗 왕이 패륜을 저지른 자기 아들, 압살롬이 일으킨 반역을 피해간 광야에서 쓴 시이다. 아비로서 숨 쉴 힘도 없었을 것 같은데, 광야로 피신해서 쓴 시편 63편을 보니 너무 밝았다. 찬양이 너무 많았다.

> 주의 인자하심이 생명보다 나으므로 내 입술이 주를 찬양할 것이라 이러므로 나의 평생에 주를 송축하며 주의 이름으로 말미암아 나의 손을 들리이다 시 63:3,4

눈을 떠보면 기가 막혔을 것이다. 자식이 반역을 일으킨 상황에서 눈을 떠보면 왕궁이 아니라 광야였다. 그 광야 같은 상황에서 드린 다윗의 고백을 보라.

> 골수와 기름진 것을 먹음과 같이 나의 영혼이 만족할 것이라 나의 입이 기쁜 입술로 주를 찬송하되 시 63:5

왕이 왕궁에 있지 못하고 광야에 던져져 있는 이 상황이 골수와 기름진 것을 먹어 만족할 만한 상황이라고 할 수 있는가? 다윗은 어떻게 광야에서, 이런 절망적인 상황에서도 감사를 놓치지 않을 수 있었을까? 나는 63편의 이 한 구절에서 그 이유를 알게 되었다.

주는 나의 도움이 되셨음이라 내가 주의 날개 그늘에서 즐겁게 부르리이다 시 63:7

다윗은 광야에서도 "주는 나의 도움이 되셨음이라"라고 고백한다. 아무것도 없는 광야였지만, 다윗은 '내게 능력 주시는 분'이 그곳에서도 여전히 동행하신다는 것을 발견했다. 그러니 그 광야에서도 골수와 기름진 것으로 먹는 것 같은 영혼의 만족을 찾을 수 있었던 것이다.

내 힘으로 어떻게 해보겠다는 마음을 내려놓으라. 내 힘으로 해보겠다고 하면 우리 모두는 깊은 계곡에서 슬피 울 수밖에 없는 인생이다. 그러나 우리에게는 능력 주시는 분이 계시다. 그분을 인식하고 그분과 연합하며 살아야 한다.

근심하는 자 같으나 항상 기뻐하고 가난한 자 같으나 많은 사람을 부요하게 하고 아무것도 없는 자 같으나 모든 것을 가진 자로다
고후 6:10

이 구절을 그냥 "항상 기뻐하고, 많은 사람을 부요하게 하고, 모든 것을 가진 자로다"라고 하지 않고 "근심하는 자 같으나, 가난한

자 같으나, 아무것도 없는 자 같으나"라는 부연 설명을 단 이유가 무엇일까?

육신을 가진 우리 모두는 하루에 열두 번도 더 낙심하고, 열두 번도 더 초라함을 느끼는 존재임을 강조하기 위해서이다. 이것이 약한 우리의 현실적인 모습이다. 그러나 그럼에도 불구하고 무너지지 않는 것은 우리와 함께하시는 주님이 계시기 때문이다.

나도 그렇다. 스스로 초라해지기 시작하면 말로 다 할 수 없이 초라하게 여겨진다. 하지만 아무것도 없는 자 같으나 너무나 부요한 자처럼 살아갈 수 있는 비결은 내게 능력 주시는 분이 계시기 때문이다. 내게 능력 주시는 분이 계셔서 나의 초라함, 나의 연약함, 나의 보잘것없음, 나의 심약함과 같은 것들이 오히려 빛나게 되는 것이다. 내게 능력 주시는 자가 계시기 때문이다.

다윗의 시편으로 지어진 찬양이 있다.

하나님이시여 하나님이시여 주는 나의 하나님이시로다
나의 몸과 마음 주를 갈망하며 이제 내가 주께 고백하는 말
여호와는 나의 빛이요 여호와는 나의 구원이시니
내가 누구를 두려워하리요 여호와는 생명의 피난처시니
주의 인자가 생명보다 나으므로 내 입술이 여호와를 찬양하리
내 평생에 주를 찬양하며 주의 이름으로 내 손 들리라

〈주는 나의〉, 유상렬 작곡

여전히 우리의 삶에 달라진 것이 없어서 이렇게 저렇게 무거운 짐들을 지고 아픈 시간을 보내고 있다면, 이제는 '내게 어떤 어려움과 난관이 찾아오더라도 그것을 자족을 연습하는 도구로 삼아버리겠다'라고 선포하기 바란다. 이 삶을 자족을 훈련하는 도구로 하나님이 주셨다고 여기며 수용하고, 내게 능력 주시는 분이 계시다는 것을 인식하며 살아가길 바란다. 이런 마음을 가지고 하나님의 은혜를 구하며 한 걸음 더 성숙을 향해 나아가길 바란다. 그래서 이런 하나님의 자녀들에게 주시는 하나님의 은혜를 맛보고 누리며 나아가게 되기 바란다.

다니엘은 마음이 민첩하여 총리들과 고관들 위에 뛰어나므로 왕이 그를 세워 전국을 다스리게 하고자 한지라 이에 총리들과 고관들이 국사에 대하여 다니엘을 고발할 근거를 찾고자 하였으나 아무 근거, 아무 허물도 찾지 못하였으니 이는 그가 충성되어 아무 그릇됨도 없고 아무 허물도 없음이었더라 그들이 이르되 이 다니엘은 그 하나님의 율법에서 근거를 찾지 못하면 그를 고발할 수 없으리라 하고 이에 총리들과 고관들이 모여 왕에게 나아가서 그에게 말하되 다리오 왕이여 만수무강하옵소서 나라의 모든 총리와 지사와 총독과 법관과 관원이 의논하고 왕에게 한 법률을 세우며 한 금령을 정하실 것을 구하나이다 왕이여 그것은 곧 이제부터 삼십일 동안에 누구든지 왕 외의 어떤 신에게나 사람에게 무엇을 구하면 사자 굴에 던져 넣기로 한 것이니이다 그런즉 왕이여 원하건대 금령을 세우시고 그 조서에 왕의 도장을 찍어 메대와 바사의 고치지 아니하는 규례를 따라 그것을 다시 고치지 못하게 하옵소서 하매 이에 다리오 왕이 조서에 왕의 도장을 찍어 금령을 내니라 다니엘이 이 조서에 왕의 도장이 찍힌 것을 알고도 자기 집에 돌아가서는 윗방에 올라가 예루살렘으로 향한 창문을 열고 전에 하던 대로 하루 세 번씩 무릎을 꿇고 기도하며 그의 하나님께 감사하였더라

05

감사를 선택하라

유대계 정신분석학자인 빅터 프랭클은 이런 이야기를 했다.

한 인간에게서 모든 것을 빼앗아갈 수 있지만 한 가지 자유는 빼앗아갈 수는 없다. 그것은 어떤 상황에 놓이더라도 삶에 대한 태도를 선택할 수 있는 자유이다.

'삶에 대한 태도를 선택할 수 있는 자유'라는 표현이 나의 눈길을 끌었다. 사실 이것은 빅터 프랭클 본인의 이야기이다. 그는 유대인이라는 이유 하나만으로 아우슈비츠 수용소에 갇혀 죽음의 문턱을 넘나들었던 사람이다.

한번 생각해보라. 어제까지 같이 지냈던 동료가 차례로 가스실로 불려가서 죽음을 맞는 현실인데, 언제 내 차례가 될지 모르는 그 상황이 얼마나 공포스럽겠는가? 그 절망적인 두려움은 겪어보지 않은 사람은 아무도 모를 것이다.

그런데 빅터 프랭클은 이런 상황에서 놀라운 사실을 발견한다. 많은 유대인이 가스실에 들어가기 전부터 이미 죽은 목숨이더라는 것이다. 절망의 그림자가 얼마나 강하게 엄습했는지, 그들은 숨만 쉬고 있을 뿐 이미 다 죽은 상태였다.

빅터 프랭클은 이런 환경에 무너지지 않고 희망을 불태우기 위해 깨진 유리 조각을 구해서 감춰두고는 매일 아침마다 면도를 했다고 한다. 깨진 유리 조각으로 면도하니 상처가 나고 피도 났지만, 매일 그 일을 반복했다는 것이다. 죽음의 그림자가 드리워진 수용소에서 절망하며 살지 않겠다는 결심이었다.

그렇게 환경을 뛰어넘기 위해 몸부림치던 그가 깨달은 것이 있었다. 독일 나치가 자신의 몸을 수용소에 감금할 수 있었지만, 그가 가진 외적인 것들을 다 빼앗아갈 수는 있었지만, 희망을 향한 삶의 태도만큼은 빼앗아가지 못하더라는 것이다. 그 태도를 빼앗기지 않으니, 그것이 죽음의 수용소에서 살아남을 수 있는 능력이 되었다는 것이다.

행복은 재능이다

헤르만 헤세는 말했다.

"행복은 대상이 아니라 재능이다."

사람들은 보통 어떤 조건이나 어떤 대상이 나를 행복하게 해준다고 생각하지만, 그렇지 않다는 것이다. 그보다는 어떤 어려움이나 난관 속에서도 행복을 선택할 수 있는 능력을 헤르만 헤세는 '재능'이라고 표현했다.

우리는 조건을 생각한다. 그 조건이 충족될 때 감사할 수 있다고 생각한다.

그러나 하나님은 우리가 가지고 있는 행복의 대상이나 조건이 문제가 아니라, 그 대상과 조건을 넘어서는 어려움 가운데에서도 행복을 가려내고 쟁취해내는 재능이 필요하다고 말씀하신다.

내가 궁핍하므로 말하는 것이 아니니라 어떠한 형편에든지 나는 자족하기를 배웠노니 나는 비천에 처할 줄도 알고 풍부에 처할 줄도 알아 모든 일 곧 배부름과 배고픔과 풍부와 궁핍에도 처할 줄 아는 일체의 비결을 배웠노라 내게 능력 주시는 자 안에서 내가 모든 것을 할 수 있느니라 빌 4:11-13

예수 믿는 우리는 환경에 지배당하지 않는, 오히려 환경을 뛰어넘는 기쁨과 감사의 삶을 살 수 있는 존재들이다. 예수 믿는 우리는 어떤 형편에 처하든지, 즉 궁핍에 처하든 고난에 처하든 심지어는 아우슈비츠 수용소에 갇혔을 때에라도 거기에서 감사의 제목을 끌어낼 수 있는 능력을 가진 존재들이다.

감사한 것은, 그것을 삶 속에서 구현해내는 이들이 많다는 사실이다. 도저히 감사할 조건을 찾을 수 없을 것 같은 상황 속에서도 기가 막히게 실낱같은 감사를 뽑아내서 그것을 품고 삶을 지탱해온 사람들이 많다.

나는 어떤 이론을 나누려는 것이 아니다. 이런 삶이 실제로 가능하다는 것을 보여준 두 인물을 소개하려고 한다. 한 인물은 성경에 나오는 인물이고, 또 다른 인물은 우리 주변의 사람이다.

감사를 살아낸 다니엘

먼저 살펴볼 인물은 성경의 인물 다니엘이다.

다니엘은 불행한 시대를 살았던 사람이다. 나라는 정복당했고, 어린 나이에 자기 나라를 망하게 한 원수의 나라 바벨론에 포로로 끌려갔다. 귀족 가문 출신으로 장래가 촉망되던 다니엘이 역사에 함몰되어 하루아침에 비극의 한복판으로 끌려간 것이다. 그곳에서 그는 이름을 빼앗기는 등 엄청난 수모를 겪는다.

> 그들 가운데는 유다 자손 곧 다니엘과 하나냐와 미사엘과 아사랴가 있었더니 환관장이 그들의 이름을 고쳐 다니엘은 벨드사살이라 하고 하나냐는 사드락이라 하고 미사엘은 메삭이라 하고 아사랴는 아벳느고라 하였더라 단 1:6,7

다니엘은 '하나님은 나의 심판자'라는 뜻인데, 바뀐 그의 이름인 벨드사살은 '벨이여, 나의 생명을 보호하소서'라는 뜻이다. 여기서 '벨'은 바벨론의 신을 가리킨다. 지금까지는 하나님의 주권을 믿고 의지하는 이름을 가지고 있었는데, 하루아침에 초라한 이방 잡신을 섬기는 이름으로 전락해버렸다. 그리고 실제로도 바벨론 왕에게 충성을 강요당하는 불행한 일이 펼쳐졌다.

다니엘이 가졌던 자괴감이 얼마나 컸을까? 원래 청소년기는 생각이 많고 방황하는 시기이니 하나님을 원망하기 쉬운 상황이기도 했다. 그런데 다니엘은 하나님을 원망하지 않았다.

사실 이런 비극이 초래된 것은 이스라엘 백성이 하나님에게서 돌아서고 배교했기 때문이었다. 그 죄의 대가로 일어난 일이었다. 그러나 인간은 항상 자기들이 한 짓은 생각하지 않고 하나님만 원망한다. 왜 하나님은 우리 민족을 도와주지 않으시냐고, 왜 우리 민족이 이런 멸망의 길을 가도록 내버려두시냐고, 하나님이 무능하신 것 아니냐고, 하나님이 안 계신 것 아니냐고 원망한다. 이것이 인간의 모습이다.

그런데 놀랍게도 다니엘은 그러지 않았다. 어려운 상황 속에서도 하나님을 의지했고, 바울이 말한 것처럼 어떤 형편에서도 자족하면서 살았다. 그 결과 페르시아 제국의 중앙 총리로 임명받는 놀라운 기적을 경험한다.

바벨론이 망하고 페르시아가 다시 패권을 잡아 왕조가 바뀌는 상황 속에서도, 다니엘은 왕조를 뛰어넘는 인정을 받았기에 이런 중직을 맡을 수 있었다. 중요한 것은 다니엘이 이런 놀라운 삶을 살 수 있었던 비결이 무엇인지를 파악하는 것이다. 그가 어떻게 그런 진흙탕 속에서 장미꽃을 피우는 것 같은 인생이 되었는지를 살펴보니 두 가지가 보였다.

절대 믿음과 절대 감사

먼저, 그에게는 하나님을 향한 '절대 믿음'이 있었다. 그리고 더 중요한 것은 그에게 하나님을 향한 '절대 감사'가 있었다는 사실이다.

다니엘이 이 조서에 왕의 도장이 찍힌 것을 알고도 자기 집에 돌아가서는 윗방에 올라가 예루살렘으로 향한 창문을 열고 전에 하던 대로 하루 세 번씩 무릎을 꿇고 기도하며 그의 하나님께 감사하였더라

단 6:10

페르시아제국의 총리로 임명받은 후, 노년의 다니엘은 절체절명의 위기에 처했다. 급부상하는 다니엘을 경계한 정적들이 그에게 올가미를 씌운 것이었다.

다니엘 앞에는 두 가지 선택이 놓여 있었다. 곧 하나님을 배신하고 목숨을 부지하거나 하나님을 배신하지 않고 사자 굴에 끌려가 죽임당하는 것이었다. 다니엘은 이 두 갈래 길에서 후자를 택한다.

다시 말해 죽음을 택한다. 대단한 믿음 아닌가?

더 중요한 것은 감사할 것이 하나도 없는 상황에서 그가 하나님께 감사했다는 사실이다. 나는 이런 다니엘의 모습에서 빅터 프랭클이 한 말이 떠올랐다.

"한 인간에게서 모든 것을 빼앗아 갈 수 있지만, 한 가지 자유는 빼앗아 갈 수 없다. 어떠한 상황에 놓이더라도 삶에 대한 태도를 선택할 수 있는 자유를 빼앗아 갈 수는 없다."

이것이 딱 다니엘을 두고 하는 말 같지 않은가? 이처럼 다니엘에게는 현실의 상황을 뛰어넘는 절대 믿음과 절대 감사가 있었다. 나는 이처럼 상황과 환경을 뛰어넘는 감사를 가르치는 곳이 교회라고 믿는다.

나는 다니엘을 보며 감사와 관련해서 중요한 몇 가지 진리를 발견했다.

감사는 선택이다

첫째로, '감사는 선택'이라는 사실이다.

다니엘에게서는 감사할 조건이 하나도 없었다. 감사는커녕 불안과 두려움, 그리고 하나님에 대한 원망으로 가득 차야 하는 상황에 놓여 있었다. 그는 악한 정적들에게 둘러싸여 있는 상황이었고, 그들의 올가미에 갇혀버렸다. 죽음이 자기를 기다릴지 모르는 절체절명의 위기에 놓이게 된 것이다. 그런데 놀랍게도 다니엘은 이런 상황에서 하나님께 감사했다.

이것이 어떻게 가능했을까? 대답은 간단하다. 다니엘이 불안 대신에 감사를 선택했기 때문이다. 내가 다니엘에게 배운 것이 이것이다. 감사할 수 있는 상황이 감사를 낳는 것이 아니라 감사하기로 결단했기 때문에 감사할 수 있다는 것이다.

혹시 한비야 씨를 아는가? 이분이 언젠가 텔레비전에 나와 자기 이야기를 하는데 참 인상적인 대목이 있었다. 한비야 씨의 아버지는 유능한 기자 출신으로 유복한 집안이었다고 한다. 그런데 중학교 때 아버지가 돌아가시면서 가세가 기울기 시작해 집안 형편이 너무나 어려워졌다. 그러다 보니 한비야 씨는 경제적인 어려움으로 인해 대학에 진학할 수 없었다.

그런데 명문대에 다니는 한 남학생이 한비야 씨를 따라다녔다. 처음에는 거절했지만 자꾸 따라다니니 정이 들어 교제를 시작했단다. 남자친구 집에서는 사귀는 사람이 궁금해 한비야 씨를 집으로 초대했다.

집으로 들어가니 남자친구 엄마가 반갑게 맞아주었다. 그러다 남자친구의 어머니가 너무나 궁금했던 것, 그러나 아들이 절대로 알려주지 않았던 한 가지 질문을 하더란다.

"비야는 어느 학교 다니니?"

그래서 아무 생각 없이 이렇게 대답했단다.

"저는 아직 학교 안 다니는데요."

그 순간, 어머니의 얼굴이 창백해지더라는 것이다. 그리고 자기를 쳐다보는데, 그 눈빛이 꼭 이런 표정이었단다.

'아니, 고졸인 네가 감히 내 아들을?'

그것이 얼마나 마음에 수치스럽고 상처가 되었을지 상상이 가지 않는가? 그 이후로 남자친구와 헤어지게 되었다.

이런 상황이 되면 대부분의 사람은 잠을 못 자고 울어서 눈이 퉁퉁 붓기도 하고, 자신의 집안 환경을 탓하거나 스스로를 열등감의 자리로 몰고 갈 위험에 노출되는데, 한비야 씨는 달랐다. 놀랍게도 그녀는 그날의 그 모욕적인 순간을 대학에 진학하는 에너지로 사용했다고 말했다. 잊히지 않는 그 눈빛을 마음에 그리면서 대학을 가고야 말겠다고 결심한 것이 징검다리가 된 것이다. 몇십 년이 지난 후에도 그 장면은 잊지 못할 만한 상처였지만, 한비야 씨는 그것으로 자기를 파괴시키거나 무너뜨리는 쪽으로 흐르지 않고 인생을 비상하는 쪽으로 선택했다.

미국의 찰스 스윈돌 목사님은 "문제의 10퍼센트는 객관적인 사실이지만 나머지 90퍼센트는 우리의 반응에 의해 결정된다"라고 말했다. 한비야 씨가 그날 당한 수치와 모욕을 건강한 에너지로 바꿀 수 있었던 원동력이 여기에 있지 않은가?

감사도 마찬가지이다. 감사는 선택이다. 객관적으로 너무나 풍요로운 것이 많아서 감사하는 것이 아니라, 어려운 가운데에서도 감사를 선택했기 때문에 감사할 수 있는 것이다. 그리고 감사를 택했기 때문에 행복한 것이다.

다니엘이 그 어려운 상황에서도 감사의 삶을 살 수 있었던 것도 같은 원리이다.

다니엘은 뜻을 정하여 왕의 음식과 그가 마시는 포도주로 자기를 더럽히지 아니하리라 하고 단 1:8

그는 어떤 상황이 주어지든 그것에 끌려다니지 않기로 결정했기 때문에 환경에 물들지 않는 깨끗한 삶을 살 수 있었고, 감사의 삶을 살 수 있었다.

우리도 이 원리를 배워서 다니엘처럼 환경을 탓하지 않고 감사를 선택할 줄 아는 능력자들이 되기를 바란다.

감사는 훈련이다

두 번째로, 다니엘을 보며 감사와 관련해서 발견하는 원리는 '감사는 훈련이다'는 사실이다.

시편 57편에 나오는 다윗의 모습을 보라. 다윗이 아무런 갈등 없이 감사를 말하게 된 것이 아니다. 1-7절까지 얼마나 많이 엎치락뒤치락했는가? 하나님을 바라보았다가 원수를 보고 마음이 무너졌다가, 다시 회복되는가 싶으면 또 현실 앞에 함몰되었다가, 또 힘을 내는가 싶으면 다시 마음이 무너지는 과정을 반복하고 반복하다가 9절에 가서야 드디어 감사가 나온다.

주여 내가 만민 중에서 주께 감사하오며 뭇 나라 중에서 주를 찬송하리이다 시 57:9

이 9절의 감사가 나오기까지 얼마나 많은 연단의 과정이 있었나? 그런데 이런 과정을 거치면서 다윗은 결국 감사를 선택할 수 있었다. 이것은 다니엘도 마찬가지다. 그가 이런 어려운 상황에서도 감사를 선택할 수 있었던 것은 불같은 연단의 과정이 있었기 때문이고, 그 고통스러운 모든 상황이 전부 훈련으로 승화될 수 있었기 때문이다.

그래서 감사는 훈련이다. 수많은 연단을 거치고, 수많은 아픔을 거치고 넘어지고 깨지면서 습득되는 것이 감사이다. 나는 성도들 모두가 평탄한 인생을 살기 바란다. 그러나 하나님께서 감사훈련 학교에 입학시키실 때가 있다. 그럴 때 눈물을 삼키고 감사를 선택하는 능력을 구비할 수 있기를 바란다.

내가 궁핍하므로 말하는 것이 아니니라 어떠한 형편에든지 나는 자족하기를 배웠노니 빌 4:11

바울의 말처럼 자족은 배우는 것이다. 타고나는 게 아니다. 자족은 훈련하는 것이다. 나는 우리에게 다가오는 여러 가지 현실적인 아픔과 어려움이 자족을 배우는 도구로 사용되기를 바란다.

감사는 능력이다

세 번째로, 다니엘을 보며 감사와 관련해서 발견하는 원리는 '감사는 능력이다'라는 사실이다.

다니엘이 하나님께 감사를 드렸지만, 감사할 내용은 아직 도래하지 않았다. 그런데 다니엘의 이후 이야기들을 잘 읽어보라. 거기에서 놀라운 사실을 발견할 수 있다.

다니엘은 감사할 수 있는 상황이 아니고 감사할 조건이 하나도 없을 때 앞당겨 감사했다(10절). 하나님께 순종할 뿐만 아니라 그런 환경을 주신 하나님께 선행하여 감사했다. 그랬더니 사자 굴에 들어가는 과정과 이후의 일에서 앞당겨 감사했던 수많은 감사의 내용이 그대로 구현되었다. 감사할 조건이 하나도 없던 상황에서 다니엘이 미리 하나님께 감사하니, 그 미리 드린 감사가 현실로 이루어지더라는 것이다.

여기서 우리는 중요한 원리를 배워야 한다. 우리에게도 오늘 드리는 감사가 매일의 삶에 실제로 구현되는 축복이 있을 줄로 믿는다.

미리 감사의 기적

분당우리교회를 개척할 당시에도 그랬다. 지금 자리 잡은 곳에 교회를 개척하기 전에 정자동에 있던 한 상가를 계약했다가 이웃 교회가 막는 바람에 계약을 포기했던 일이 있었다. 그 당시로는 억울하기도 하고 속상했지만 이웃 교회와 싸우는 것으로 교회 개척을 시작할 수는 없기에 포기할 수밖에 없었다.

그런데 이후로 마음에 걸리는 것이 하나 있었다. 오지랖인지는 몰라도, 나의 이런 결정으로 그 목사님이 얼마나 미안해하실까 싶어서 주스를 사 들고 찾아갔다. 나는 그 분에게 이렇게 말씀드렸다.

"목사님, 저는 정말 마음에 아무 아픔이 없고 상처가 없으니까 아무 걱정하지 마세요. 우리 분당에서 자주 만나게 될 텐데 서로 축복하면서 지냅시다. 정말 저는 괜찮습니다. 모두 하나님의 뜻인 줄 믿고 있습니다."

그러자 그 분이 이렇게 이야기하셨다.

"말은 그렇게 했지만, 설마 목사님이 포기하리라고는 생각하지 않았습니다."

"그럼 진작 그렇게 말씀하시지 그랬습니까?"

이런 농담을 나누며 서로 축복하는 시간을 가졌다. 당시 나에겐 감사할 조건이 하나도 없었다. 분당, 수지, 죽전까지 다 다녀보았지만 우리 교회가 들어갈 만한 장소는 없었다.

진짜 절망적인 상황이었지만 그 목사님을 찾아가 사랑을 표현하고 함께 교제를 나눌 수 있었던 것은 하나님이 주신 마음 때문이었다. 그리고 그런 기쁨의 교제의 시간을 가진 지 얼마 안 되어 받은 선물이 지금 예배당으로 사용하고 있는 송림중고등학교 강당이다. 기적이 일어난 것이다. 앞당겨 감사했더니 하나님은 이 좋은 예배당을 선물로 주셨다. 그래서 나는 창립기념예배 때마다 마음으로 그 목사님을 고마워하고 그리워한다.

그 목사님이 막아주시지 않았더라면 어떻게 이렇게 넓고 쾌적한 송림중고등학교에서의 예배가 가능했겠는가? 이것이 바로 감사가 가진 능력이다.

> 내가 궁핍하므로 말하는 것이 아니니라 어떠한 형편에든지 나는 자족하기를 배웠노니 나는 비천에 처할 줄도 알고 풍부에 처할 줄도 알아 모든 일 곧 배부름과 배고픔과 풍부와 궁핍에도 처할 줄 아는 일체의 비결을 배웠노라 내게 능력 주시는 자 안에서 내가 모든 것을 할 수 있느니라 빌 4:11-13

우리도 이런 고백을 할 수 있기 바란다. 환경이 답답하고, 감사가 나오지 않고 원망과 불평이 나올 때 당겨서 감사해보라. 그러면 오늘 드린 감사가 내일의 삶에 능력이 될 것이다. 다시 말하지만, 감사는 조건이 아니라 선택이다. 그리고 감사는 훈련인 동시에 능력이다.

하나님께서는 여러 어려운 환경과 상황 속에서도 감사를 선택할 수 있는 능력을 우리에게 주셨다.

감사가 선택이라고 말씀하시는 하나님께 감사할 수 없는 오늘의 환경 속에서도 감사를 선택할 줄 아는 능력을 발휘함으로 감사를 올려드리게 되기 바란다.

give thanks

PART 2

더 깊이,
감사하라

누가복음 10장 17-20절

칠십 인이 기뻐하며 돌아와 이르되 주여 주의 이름이면 귀신들도 우리에게 항복하더이다 예수께서 이르시되 사탄이 하늘로부터 번개같이 떨어지는 것을 내가 보았노라 내가 너희에게 뱀과 전갈을 밟으며 원수의 모든 능력을 제어할 권능을 주었으니 너희를 해칠 자가 결코 없으리라 그러나 귀신들이 너희에게 항복하는 것으로 기뻐하지 말고 너희 이름이 하늘에 기록된 것으로 기뻐하라 하시니라

06

얕은 감사, 깊은 감사

설교를 준비하다 보면 깊은 해석이 필요한 구절을 만날 때가 있다. 자세히 설명해주지 않으면 결코 이해하기 어려운 이런 구절들에 대해선 깊이 있게 분석해서 설교해야 한다. 연구를 많이 해야 한다. 그런가 하면 누구나 다 아는 구절이 나온다. 몰라서 지키지 못하는 것이 아니라 뻔히 다 알지만 잘 지켜지지 않는 주제의 말씀들이 있다. '감사'가 그 좋은 예일 것이다.

'감사 목회'를 선포하고는 '감사'를 주제로 설교 준비를 하던 나에게 이 점이 가장 큰 고심으로 다가왔다. 감사에 대해서 모르는 사람이 누가 있는가? 감사해야 한다는 것을 몰라서 감사하지 않는 사람은 아무도 없다. 그렇기에 '감사'를 주제로 한 설교를 할 때면 자칫 뻔한 이야기로 끝날 위험이 있다.

이 점을 가지고 고민하다 문득 떠오른 말씀이 누가복음 10장 17-20절 말씀이었다. 이 말씀을 묵상하면서 나는 큰 유익을 얻었다. 특히 이 말씀을 통해 예수 믿는 우리가 누리게 되는 기쁨과 감사에 '두 가지 종류'가 있다는 것을 새삼 깨달을 수 있었다.

순종하는 삶에서 경험하는 감사

먼저, '순종하는 삶' 속에서 경험하는 감사가 있다는 것이다.

본문인 누가복음 10장은 예수님이 70명의 전도대를 선발하셔서 파송하는 것으로 시작한다.

그 후에 주께서 따로 칠십 인을 세우사 친히 가시려는 각 동네와 각 지역으로 둘씩 앞서 보내시며 눅 10:1

이렇게 파송하시는 주님의 부르심에 순종해서 나갔던 70명의 전도대가 주님 앞으로 돌아와서 자기들이 행했던 많은 사역의 결과들을 보고한다.

칠십 인이 기뻐하며 돌아와 이르되 주여 주의 이름이면 귀신들도 우리에게 항복하더이다 눅 10:17

이 부분에서 내 눈에 가장 먼저 들어온 표현이 있었다.

"칠십 인이 기뻐하며 돌아와 이르되."

주님의 명령에 순종해서 전도하러 갔던 그들이 누리게 된 열매는 기쁨이었다. 파송되었던 그들에게 왜 기쁨이 생겼는가? 복음의 능력을 경험했기 때문이다.

"주여 주의 이름이면 귀신들도 우리에게 항복하더이다."

이처럼 순종하는 자만이 누리는 기쁨이 있다. 아마 다들 경험해 보았을 것이다. 말씀 앞에 순종하지 않으면 결코 누릴 수 없는 기쁨, 순종하는 사람들은 이런 기쁨을 누리며 살아간다. 즉, 주님의 말씀에 순종해서 입을 열어 복음을 전해보니까 자신에게 귀신을 쫓아내는 주님의 능력이 함께함을 깨닫게 되었다는 것이다.

되돌아보면 우리 삶 가운데 순종하지 않음으로 놓치게 된 기쁨이 얼마나 많은지 모른다. 사실, 순종의 기쁨은 작은 것에서부터 시작된다. 우리 교회는 주차 공간이 부족하기 때문에 성도들에게 교회에 올 때는 가급적 차를 가지고 오지 말아 달라고 부탁해왔다. 그런데 성도들에게만 요청할 것이 아니라 목사인 나부터 실천하자는 마음으로 특별한 일이 없으면 주중에는 차를 가지고 다니지 않은 지가 꽤 되었다. 그리 멀지 않은 거리이기도 해서 걸어 다니기 시작했다. 처음에는 목사로서의 의무감으로 시작했지만, 시간이 지나면서 이 '작은 순종'이 주는 기쁨이 크다는 사실을 알게 되었다.

성도들을 보면 내가 행한 이런 작은 실천과는 비교가 되지 않을 정도로 엄청난 순종의 삶을 사는 분들이 많다. 그리고 그 과정에서

늘 양보하고 손해 보는 삶을 산다. 그런데 신비로운 것은 그런 양
보와 순종의 삶을 사는 분들이 누리는 큰 기쁨이 있더라는 것이다.
이 원리를 아는 사람은 순종의 삶을 살게 된다. 그리고 그 과정에서
누리는 기쁨으로 삶이 풍성해진다.

교회를 위해 헌신하시는 분들의 삶도 마찬가지다. 순종으로 파
송되었던 칠십 인의 전도대가 누릴 수 있었던 기쁨이 이런 것이었다.
우리의 삶 속에서 순종의 제사를 드림으로 얻게 되는 이 감사가 그
폭과 지경이 점점 더 넓어지기를 바란다.

앎에 따르는 감사

그런가 하면 '보다 본질적인 깨달음'이 있을 때 얻게 되는 감사가
있다. 17절에서 전도대가 돌아와서 "우리가 귀신들을 쫓는 능력을
경험했다"라고 보고를 드리자 예수님이 이렇게 격려해주신다.

> 내가 너희에게 뱀과 전갈을 밟으며 원수의 모든 능력을 제어할 권능
> 을 주었으니 너희를 해칠 자가 결코 없으리라 눅 10:19

"내가 이미 너희들에게 그런 능력을 주었지"라고 격려해주신 것이
다. 그런데 내가 여기서 주목하는 부분은 이어지는 20절 말씀이다.

> 그러나 귀신들이 너희에게 항복하는 것으로 기뻐하지 말고 너희 이름

'그러나'라는 접속사가 얼마나 크게 느껴지는지 모르겠다. 더이상 설명이 필요 없다. 어떤 설명이 필요하겠는가? 일이 잘 풀리고 삶에서 순종하는 것으로 누리는 기쁨과 감사와 감격도 필요하지만, 그러나 보다 더 본질적인 것, 십자가의 은혜로 말미암아 구원받아 하나님의 자녀가 된 그 본질로 기뻐하고 감사하라는 것이다.

천국은 마치 밭에 감추인 보화와 같으니 사람이 이를 발견한 후 숨겨 두고 기뻐하며 돌아가서 자기의 소유를 다 팔아 그 밭을 사느니라 **마 13:44**

예수님을 만나 영원한 구원을 얻고 남들이 알지 못하는 신비로운 비밀의 법칙, 즉 십자가로 말미암아 천국 백성이 되었다는 사실을 깨달으면 기쁨이 넘치게 된다. 즐거움을 얻게 된다.

여기에서 "자기의 소유를 다 팔아"라는 것은 이 땅에서 누리는 그 어떤 것도 그리 중대하지 않다는 의미이다. 사업이 어려워 힘이 들든지, 반대로 사업이 승승장구하든지 하는 외적인 것에 큰 무게를 두지 않게 된다는 것이다. 주님은 본질적인 구원의 감격을 누리는 사람들이 이 땅에서 누리는 행복감, 감사하는 마음을 깨닫기 원하신다.

감사의 깊이

감사를 묵상할 때 하나님이 주신 깨달음이 또 하나 있다.

> 말씀을 마치시고 시몬에게 이르시되 깊은 데로 가서 그물을 내려 고기를 잡으라 눅 5:4

밤새도록 그물질을 했지만 고기 한 마리 잡지 못한 베드로에게 예수님은 "얕은 데서 그렇게 놀고 있으면 안 된다. 깊은 데로 가서 그물을 던져라"라고 말씀하셨다.

어찌 보면 감사와 아무 연관도 없는 이 한마디 말씀을 통해 나는 두 종류의 감사가 있다는 사실을 알게 되었다. 그것은 '얕은' 감사와 '깊은' 감사이다. 그리고 이것과 관련해서 세 부류의 인생이 있음도 알게 되었다.

감사가 없는 사람들

먼저, 첫 번째 부류는 감사가 없는 삭막한 삶을 사는 사람들이다. 많은 혜택을 누리며 살면서도 항상 부족함을 느끼는 사람들이 있다. 이런 사람들은 늘 마음에 불만이 있고, 자신은 뭔가 부족하다고 여긴다. 감사가 없는 삶은 이렇게 삭막하다. 이런 사람들을 보면 감사와 환경은 그다지 큰 연관성이 없는 것 같다.

우리는 어떤 태도를 가지고 살아가고 있는가? 감사는 성향이다.

감사는 태도다. 환경이 좌우하는 것이 아니다. 감사할 수 있는 것
도 힘이다. 남을 섬길 수 있는 것이 힘인 것처럼, 감사도 마찬가지
다. 주일날 이른 새벽에 교회에 가보면, 아무리 추운 날이라도 아침
6시면 어김없이 교회에 와서 묵묵히 봉사하는 분들이 많다. 아무런
대가 없이 교회와 성도를 위해 섬기는 그 모습에서 나는 이분들이
가진 영적인 힘을 느낀다. 맞다. 영적인 힘이 있어야 봉사도 할 수
있다. 그래서 봉사는 힘이다. 감사도 마찬가지다. 감사할 힘이 없
으면, 감사를 할 수 없다.

시편 119편에 보면 이런 말씀이 있다.

내 눈을 열어서 주의 율법에서 놀라운 것을 보게 하소서 시 119:18

눈이 열려야 영적인 세계를 볼 수 있는 것처럼 감사도 그렇다. 내
심령 속에서 나와 함께해주신 하나님의 은혜를 바라볼 수 있는 눈
이 열려야 감사할 수 있다는 것이다. 눈이 열리지 않으니까 풍성하
게 받아 누리면서도 받은 것이 아무것도 없다고 여긴다. 그래서 날
마다 원망하고, 날마다 불평한다.

이런 부류의 사람들은 자승자박(自繩自縛)이다. 그 대가를 자기
가 받는다. 충분히 누리며 행복하게 살 수 있는데도 감사하지 않는
다. 그 결과 삶이 삭막하다. 이것이 자승자박이다.

얕은 감사에 머무는 사람들

두 번째 부류는 얕은 감사에 머무는 사람들이다. 이들은 감사할 조건이 있을 때만 감사한다. 예를 들면, 승진을 하거나 월급이 오르면 감사한다. 자녀가 시험에서 좋은 점수를 받았다거나 하던 일이 잘 풀리면 감사한다. 나는 이런 감사가 얕은 감사라고 생각한다.

이런 부류의 사람들은 감정이 하루에 열두 번도 더 요동친다. 냉탕과 온탕을 왔다 갔다 한다. 자기 기분에 맞거나 조건이 조금 맞다 싶으면 막 감사하다가 조금만 어긋나거나 조건이 달라지면 5분도 지나지 않아 원망하고 불평하고 화가 나서 견디지 못한다. 이 둘 사이를 왔다 갔다 하면서 피곤하게 사는 사람들이 얕은 감사에 머무는 사람이다.

사실 아예 감사 없이 삭막하게 사는 첫 번째 부류에 비하면 얕은 감사에 머무는 사람들도 대단하다. 비록 조건적으로 하는 감사이지만, 하나님이 주신 것을 하나님이 주신 것으로 깨달을 수 있는 것만으로도 작은 일은 아니다. 하지만 구원받은 우리, 곧 이 땅을 살아가면서도 하늘을 소망하는 우리가 그 정도 감사에 만족해서는 안 된다. 우리는 다음 단계로 나아가고자 노력해야 한다.

깊은 감사로 나아가는 사람들

세 번째 부류는 어떤 사람들인가? 깊은 감사를 아는 사람들이다. 깊은 감사로 나아가는 사람들이다.

그러나 귀신들이 너희에게 항복하는 것으로 기뻐하지 말고 너희 이름
이 하늘에 기록된 것으로 기뻐하라 하시니라 눅 10:20

이 말씀을 꼭 기억하고 마음에 담아두었으면 좋겠다. 주님은 우리가 능력이 있는 것으로, 당장 귀신이 쫓겨가는 것으로만 기뻐하고 감사하는 데 그치지 말고, 보다 근본적인 것, 우리가 구원받게 된 것으로 기뻐하며 감사하는 자리로 나아가기를 원하신다.

오래전에 우리 교회 한 성도의 자녀가 미국 유학 중에 크게 다치는 사고가 난 적이 있다. 딸아이의 얼굴 광대뼈가 함몰되고 턱뼈가 다 부서졌다는 소식을 듣고 부랴부랴 미국으로 달려간 아버지의 심정이 어땠을까? 기본적인 수습을 마치고 소식을 전하기 위해 전화를 하신 그 분에게 나는 뭐라고 위로할 말을 찾을 수가 없었다. 그런데 정작 그 분은 내게 이런 말씀을 하셨다.

"목사님, 제가 지금 얼마나 감사한지 모릅니다."

그 소리에 어리둥절해졌다. 지금 딸아이가 얼굴 뼈가 함몰될 지경으로 큰 사고를 당해 사경을 헤매고 있는데 감사하다니, 이게 말이나 되는 고백인가? 이런 상황에서 그저 덕담 나누자고 으레 던지는 인사말일 리도 없을 것이었다. 대체 무엇이 감사하다는 것이었을까? 그 분이 한국에 돌아와 교회 홈페이지에 올린 글을 보고 그 답을 찾을 수 있었다.

"저는 중환자실에 머물며 저보다 몇십 배, 몇백 배 더 큰 슬픔으

로 가족을 떠나보내는 사람들을 많이 보았습니다. 그리고 그런 와중에 장기기증과 같은 방법으로 하나님의 사랑을 실천하거나 천국 가는 믿음으로 평온을 유지하는 믿음의 가정들을 보면서 하나님에 대한 저의 자세를 재점검하는 계기가 되었습니다.”

이분은 딸의 병상을 지키며 자기 딸의 상황보다 훨씬 극심한 상태로 버티다 죽음을 맞이하게 된 상황에서도 감사함으로 천국 환송 예배를 드리며 자녀를 떠나보내는 사람들을 보면서 하나님에 대한 자세를 재점검하며 깊은 은혜를 경험했다. 그래서 누워 있는 딸아이를 바라보면서도 믿음의 고백을 드릴 수 있었고 감사할 수 있었다.

한마디로 깊은 감사를 경험하게 된 것이다. 얕은 감사에 머무는 사람은 도저히 이해할 수 없는 일일 것이다. 감사는커녕 하나님을 향해 삿대질을 해도 시원치 않은 상황이라고 생각할 것이다. 그런데 그런 상황에서도 감사를 회복하게 되었으니 얼마나 귀한 일인가? 이것이 깊은 감사를 누리는 사람들이 받는 혜택 중의 혜택이다. 바로 환경을 초월하는 능력이다. 어떤 상황 속에서도 마음의 평안과 기쁨을 빼앗기지 않는 능력을 갖게 되는 것이다.

환경을 초월한 감사

다윗은 한 나라의 왕이었지만 자기 아들의 반란으로 쫓겨 도망가는 비참한 상황을 경험했다. 그 과정에서 시므이라는 사람이 얼마나 다윗을 조롱하며 괴롭혔는지 모른다.

시므이가 저주하는 가운데 이와 같이 말하니라 피를 흘린 자여 사악한 자여 가거라 가거라 사울의 족속의 모든 피를 여호와께서 네게로 돌리셨도다 _삼하 16:7-8_

그것을 본 다윗의 부하들이 시므이의 목을 베어 버리겠다고 격분했다. 그런데 그런 상황에서 보여주는 다윗의 반응이 놀랍다.

왕은 대답하였다. "스루아의 아들아, 나의 일에 너희가 왜 나서느냐? 주님께서 그에게, 다윗을 저주하라고 분부하셔서 그가 저주하는 것이라면, 그가 나를 저주한다고, 누가 그를 나무랄 수 있겠느냐?"
삼하 16:10, 새번역

놀랍지 않은가? 다윗 왕이 가진 이런 여유로움은 어디에서 나온 것일까? 그의 삶에는 하나님을 신뢰하는 믿음이 깊이 자리 잡고 있었다. 그랬기에 감사도 깊었고 주변 사람들에 대한 반응도 깊었다.

우리는 왜 이런 넉넉함을 가지기 어려울까? 왜 이렇게 안달복달할까? 왜 이렇게 환경에 함몰되어 날마다 온탕과 냉탕을 왔다 갔다 하며 살아야 할까? 우리의 감사가 얕은 수준에 머물러 있기 때문이다. 우리가 계속 이런 얕은 감사에 머물러 있다면 어떤 사건, 어떤 사람, 어떤 상황을 통해 하나님이 우리를 깨닫게 하실지 모르겠다. 누군가에게는 자녀를 통해, 누군가에게는 이런저런 상황을 펼쳐주심으로 교훈을 주실 것이다. 하나님은 예수 믿는 우리가 얕은 감사의 수준에 머물러 있지 말고 환경을 초월하여 늘 감사할 수 있는, 깊은 감사의 자리로 나아가기를 원하시기 때문이다.

우리가 이런 깊은 감사를 깨닫고 나면 이 놀라운 찬양의 고백이 우리의 고백이 된다.

응답하신 기도 감사, 거절하신 것 감사
헤쳐 나온 풍랑 감사, 모든 것 채우시네
아픔과 기쁨도 감사, 절망 중 위로 감사
측량 못 할 은혜 감사, 크신 사랑 감사해

길가에 장미꽃 감사, 장미꽃 가시 감사
따스한 따스한 가정, 희망 주신 것 감사
기쁨과 슬픔도 감사, 하늘 평안을 감사
내일의 희망을 감사, 영원토록 감사해

문정선 역

얕은 감사에 머물러 있는 사람은 도저히 이해할 수 없는 고백이다. 예쁘게 피어 있는 장미꽃을 보고 하는 감사는 누구나 할 수 있는 감사이다. 그런데 너무 예뻐서 만져보려다가 가시에 찔려 피가 날 때 감사하기는 쉽지 않다. 그런 상황에서 깊은 감사의 자리로 들어간 사람은 '아, 이 아름다운 꽃을 피우기 위해 이 가시가 필요했구나. 참 감사하다'라고 생각한다.

하나님이 우리 기도에 응답해주실 때는 감사가 터져 나오지만, 거절하신 기도에 감사하기는 쉽지 않다. 풍랑에서 벗어난 후에는 누구라도 기쁨에 넘쳐 감사할 수 있지만, 아픔과 절망 중에 어떻게 감사할 수 있겠는가?

절망을 통과할 때는 누구라도 극심한 고통을 겪는다. 사랑하는 딸의 사고 소식을 들은 아버지도 그랬다. 낙심하고 좌절했다. 그 좌절된 마음으로 비행기를 타고 가는 내내 하나님 앞에 기도했다. 그랬더니 그 위기 가운데 위로해주시는 하나님의 은혜를 경험했다. 극심한 절망 중에는 도와주시는 하나님의 위로와 은혜도 크다는 사실을 깨달은 것이다.

하나님의 섭리 가운데 절망을 통로로 사용하셔서 깊은 감사의 자리로 옮겨주시는 하나님의 은혜를 발견하자 절망까지도 감사하게 되더라는 것이다. 절망을 통해서든, 장미꽃 가시를 통해서든 우리를 얕은 감사의 자리에서 깊은 감사로 인도해주시는 하나님, 그 하나님께서 우리에게 구원을 주신 은혜를 생각하며 상황을 초월하여 항상 감사할 줄 아는 깊은 감사의 자리로 나아가는 우리 모두가 되기를 축복한다.

오래전에 책에서 읽었던 간디의 이야기를 소개하고 싶다. 어느 날 간디가 기차를 타고 여행을 떠나려는데, 수행원들과 함께 기차에 오르는 중에 그만 신발 한 짝이 벗겨졌다. 신발을 주워올 새도 없이 당황하는 사이에 기차는 움직이기 시작했다. 그런데 그 짧은 순간, 간디는 나머지 신발 한 짝도 마저 벗어서 휙 던져버렸다고 한다. 깜짝 놀란 사람들이 왜 그렇게 행동했는지 이유를 묻자 간디는 이렇게 대답했다.

"신발 한 짝은 아무짝에도 쓸모가 없으니 누군가가 두 짝을 다 가지고 사용하게 되기를 바라는 마음으로 신발을 던졌습니다. 이왕이면 형편이 어려운 사람이 신발을 줍게 되면 더 좋겠네요."

간디의 이야기에 감동받은 어느 분이 쓴 글에 보니, 그건 순간적인 기지에서 나온 행동이 아니었다고 했다. 평소 다른 사람을 배려하고 이웃을 생각하는 마음이 습관처럼 몸에 배어 있다 보니, 그 짧은 순간에 그런 행동을 할 수 있었다는 것이다.

나는 이 해석에 동의한다. 감사는 성향이고, 태도다. 그리고 훈련이다. 날마다 환경을 바라보는 우리의 태도와 성향을 고치기 위해 노력하는 몸부림이 있을 때, 그 노력과 몸부림으로 인해 우리도 이런 고상한 삶을 살게 될 것이다.

우리 교회의 한 집사님이 이런 간증을 나눠주었던 적이 있다. 간증을 들으면서 마음이 아픈 중에도 큰 감동을 받았다.

9개월 전, 오랫동안 애타게 기대하고 기도하며 얻은 아들을 먼저 하나님나라로 보내게 된 아픔을 겪었습니다. 그 충격과 슬픔이 이루 말할 수 없이 너무 커서 세상의 그 어떤 것으로도 위로받을 수 없는 상황이었습니다. 그래서 이 마음으로는 도저히 살아갈 수가 없으니 저의 상처받은 마음과 영혼이 치유되게 해달라고 간절히 하나님께 매달려 기도했습니다. 그 결과 하나님은 저에게 말씀으로 집중할 수 있는 전도폭발훈련을 하게 하셨고 매주 놀라운 은혜를 주고 계십니다.

먼저 아름다운 만남의 선물을 주셨습니다. 함께 울고 웃을 수 있도록 준비되신 집사님들과 함께 모여 기도하고 훈련하는 동안 제 안에 응어리졌던 그 무엇이 하나씩 하나씩 풀어지기 시작했습니다. 무엇보다 아픔 가운데 헤매던 저를 하나님은 간절한 마음으로 예배드리는 가운데 만나주셨고, 생명의 복음을 암송하고 전하는 동안 치유해 주셨습니다. 그러다 보니 매 예배 시간이 너무너무 기다려졌고, 특히 전도폭발 모임은 저에게 너무나 소중했습니다.

기도 후원자들의 기도에 힘입어 전도 현장에 나간 어느 날, 모태신앙이었던 자매에게 복음을 전했던 일이 저에게는 참으로 인상적이었습니다. 이 자매는 교회는 오래 다녔지만 죄책감으로 구원의 확신이 없고 형식적인 신앙생활에 무기력한 분이었는데, 복음을 듣고 영접 기도할 때 눈물을 보이며 결심했습니다.

이러한 자매의 모습을 보면서 이전의 나 자신을 보는 것만 같았습니다. 이제 제가 복음을 전하는 자가 되어서 그 자리에 있다는 것이 너무나 꿈처럼 느껴졌습니다. … 택시를 타거나 이웃 아주머니를 만났을 때 복음을 전하는 저 자신을 보며 역동적으로 일하시는 성령님의 인도하심을 느꼈습니다. 38년 동안 제가 알지 못했던, 복음 전하는 자만이 알 수 있는 기쁨을 깨닫게 되었습니다. 얼마 전에는 남편에게서 생각지도 못한 정말 소중한 편지를 받았습니다.

"조용히 거실을 오가며 잔잔히 말씀을 외우는 그대의 모습이 어찌 그리 아름다운가요? 당신과 산책하며 복음의 내용을 가지고 대화할 때 많이 감동받고 나도 전도자의 삶을 살겠다고 다짐합니다."

남편의 고백을 들으며 복음 전하는 자는 상대방에게 아름답게 보이고, 또한 감동을 줄 수 있다는 사실을 알았습니다. 초등학교 5학년인 딸아이도 엄마와 아빠가 아픔을 딛고 씩씩하게 일어나는 것을 보면서 용기와 꿈을 갖고 장차 소아과 의사가 되어서 아픈 아이를 꼭 고쳐주겠다고 기도합니다. 너무나 기뻤고, 하나님께 얼마나 감사했는지 모릅니다.

정말 하나님 아버지의 은혜가 아니었다면 오로지 슬픔만을 안고 과거에만 파묻혀 아까운 세월을 다 보냈을 것입니다. 그러나 저와 저희 가족은 아픔이 있기 전보다 더욱 사랑과 복음으로 하나가 되었습니다. 이제 저희 가족에게는 하나님께서 주시는 소망하는 꿈과 기쁨으로 감당할 사명이 있습니다. 시간이 지날수록 더욱 저희를 풍요롭게 하시는 하나님 아버지의 인도하심이 매우 놀랍고, 제 마음과 영혼은 감사로 넘칩니다. 끝으로 저에게 항상 힘을 주었던 말씀을 꼭 들려

드리고 싶습니다.

"현재의 고난은 장차 우리에게 나타날 영광과 비교할 수 없도다"(롬 8:18).

지금도 우리와 함께하시며 우리의 예배를 기뻐 받으시는 하나님 아버지께 감사와 찬양을 드립니다.

사랑하는 자녀를 먼저 하나님 곁으로 보내는 아픔만큼 큰 아픔이 어디 있겠는가? 그런 아픔 중에도 순종하는 자에게 주시는 하나님의 은혜와 기쁨과 회복이 있다는 말씀을 삶 속에서 그대로 증명한 이분의 간증에 큰 은혜와 감동을 받았다.

우리가 다 하나님께서 허락해주신 것들에 감사할 수 있기를, 뿐만 아니라 그 자리에 머물지 말고 상황과 환경에 상관없이 감사할 조건이 없을 때도 하나님께 감사할 수 있는 더 깊은 감사의 자리로 나아갈 수 있게 되기를 정말 간절히 바란다. 그래서 어떤 순간에라도 우리를 구원해주심으로 인한 감사를 놓치지 않기를 바란다. 그 깊은 감사의 자리에서 하나님과 날마다 동행하기를 바란다.

데살로니가전서 1장 2-4절

우리가 너희 모두로 말미암아 항상 하나님께 감사하며 기도할 때에 너희를 기억함은 너희의 믿음의 역사와 사랑의 수고와 우리 주 예수 그리스도에 대한 소망의 인내를 우리 하나님 아버지 앞에서 끊임없이 기억함이니 하나님의 사랑하심을 받은 형제들아 너희를 택하심을 아노라

07

당신이 나의 감사 제목이다

우리가 살아가는 데 꼭 필요한 물건을 '생필품'이라고 한다. 어떤 글에 보니까 50여 년 전에는 살아가는 데 50여 가지 정도의 생필품이 필요했다고 한다. 그런데 이 시대를 살아가는 현대인들에게 필요한 생필품은 무려 800여 가지로 늘어났다는 것이다. 어떤 기준으로 생필품을 뽑았는지는 모르겠지만, 한 가지 확실한 것은 50년 전이 아니라 수년 전과만 비교해도 예전에는 생각지 못했던 물건들이 우리 삶에 생필품으로 자리 잡고 있다는 것이다. 예를 들면, 우리 손에서 한시도 떼어놓기 힘든 스마트폰이나 여러 복잡한 기기들이 우리 삶의 생필품으로 자리 잡고 있고, 예전에는 꿈도 꿀 수 없던 편리한 가전제품들로 넘쳐나는 현실이다.

이처럼 편리한 생필품이 넘쳐나는 세상인데 여전히 더 많은 것을 가지지 못하고 더 편리한 것을 누리지 못해서 만족함 없이 살아가는 것이 오늘의 현실이다. 이런 현실을 보면서, 800가지를 갖추고도 만족함이 없어 불평하는 존재가 아니라 50여 가지밖에 손에 들리지 않았지만 그것을 가지고도 감사하고 감격하고 사는 인생이면 좋겠다는 생각이 들곤 한다. 이런 자족하는 마음이 신앙생활에 얼마나 중요한 요소인지 모른다.

그러나 자족하는 마음이 있으면 경건은 큰 이익이 되느니라 딤전 6:6

"자족하는 마음"이 경건에 큰 영향을 미치는 것을 알게 하는 말씀이다. 이 말씀을 통해 과연 내 안에 경건의 유익이 되는 자족의 마음이 있는지, 하나님께서 이미 내게 주신 것들에 감사하는 마음을 가지고 있는지 점검하는 시간을 가졌으면 좋겠다.

무엇을 감사하는가
나도 이 말씀 앞에서 참 많이 묵상하고 오래 생각했던 적이 있다.
'나는 과연 자족하는 생활을 하고 있는가? 50가지 필수품만 가지고도 자족하며 살아가는 삶을 살고 있는가?'
한참 이런저런 생각을 하다가 문득 자족으로 얻는 감사도 필요하지만, 무엇을 감사하느냐도 중요하다는 생각이 들었다. 무엇을 가지고 어떤 감사를 하느냐가 그 사람의 실력이요, 그 사람의 본질이기 때문이다. 만일 우리의 감사가 물질적인 것, 명예적인 것에 머물러 있다면 그것이 우리의 현주소인 것이다.

사도 바울을 떠올리며 그가 왜 깊은 하나님의 사람인가 생각해봤더니, 그의 감사 제목이 우리와는 달랐던 것을 알 수 있었다. 대부분의 경우, 바울의 감사 제목은 물질이 아니라 사람이었다는 것이다. 그런 관점을 가지고 바울 서신을 다시 읽어보기 시작했는데, 얼마나 은혜를 받았는지 모른다. 성경 곳곳에서 사람을 향한 바울의 감사가 얼마나 자주 표현되어 있는지 발견하며 새삼 놀랐다.

바울 서신의 서두에는 이런 고백들이 담겨 있다.

그리스도 예수 안에서 너희에게 주신 하나님의 은혜로 말미암아 내가 너희를 위하여 항상 하나님께 감사하노니 **고전 1:4**

내가 기도할 때에 기억하며 너희로 말미암아 감사하기를 그치지 아니하고 **엡 1:16**

내가 너희를 생각할 때마다 나의 하나님께 감사하며 간구할 때마다 너희 무리를 위하여 기쁨으로 항상 간구함은 **빌 1:3,4**

우리가 너희를 위하여 기도할 때마다 하나님 곧 우리 주 예수 그리스도의 아버지께 감사하노라 **골 1:3**

사람에 대한 바울의 감사는 끝이 없다. 이런 바울의 모습을 보면서 '감사'하는 것도 중요하지만, '무엇에 감사'할 것인지 살펴보는 것도 필요하다는 생각이 들었다. 특히 '사람으로 인한 감사'가 있어야겠다 싶었다.

지난 삶을 되돌아보라. 하나님께서 우리의 필요에 의해 얼마나 많은 사람을 붙여주셨는가? 나만 해도 그렇다. 내가 늘 감사하는 것은, 내 주변에 신실한 동역자들이 정말 많다는 것이다. 어느 때는 목이 멜 지경이다. 내가 이처럼 차질 없이 달릴 수 있었던 것도 내 주변에 이처럼 신실한 동역자들이 많이 있었기 때문이다.

이런 점에서 우리는 좋은 사람을 만나게 해 주신 하나님께 깊이 감사해야 한다. 사업이 잘되어서 감사하고, 건강이 회복되어서도 감사하지만, 우리가 드리는 감사의 맨 위에 좋은 사람을 붙여주신 것에 대한 감사가 있었으면 좋겠다. 좋은 배우자 주신 것, 좋은 교회에서 좋은 만남을 허락해주신 것, 하나님이 우리에게 허락하신 사람에 대한 감사가 풍성하게 넘쳐나기를 바란다.

흔들리지 않는 감사

그렇다면 왜 이런 감사가 필요할까? 나는 물질이나 명예와 같이 가변적인 것에 대한 감사만 넘치는 사람들이 갑자기 요동치는 것을 많이 보았다. 장사가 잘되고 사업이 잘될 때는 풍성한 감사를 누리지만, 그렇지 않을 때는 감사가 곤두박질치는 것이다.

바울에게는 가변적이고 물질적이고 외적인 감사가 아니라, 하나님이 주신 아름다운 동역자에 대한 감사가 있었다. 그래서 세상의 물결에 따라 흔들리지 않는 감사를 드릴 수 있었던 것이다. 감옥 생활을 하게 되든, 핍박을 당하는 자리에 빠지든 언제나 그의 감사는 변함이 없었다. 그의 옥중서신에도 "너희로 인해 감사가 넘친다"라는 고백이 있었다.

우리는 아이들에게 이런 감사의 제목을 가르쳐야 한다. 만남의 축복이야말로 정말 풍성한 감사라는 것을 가르쳐야 한다.

우리가 어릴 때는 온 가족이 한 상에서 밥을 먹었다. 그래서인지 '가족'이라는 표현보다 '식구'(食口)라는 말을 많이 썼다. 그때는 온 가족이 한 상에서 먹고 한 방에서 자던 시절이다 보니, 당시 친구들 중에는 자기 방을 갖는 것이 소원인 사람이 많았다. 그런데 근래에는 한 방에서 여럿이 더불어 먹고 자는 것이 정서에 좋다는 연구 결과가 나오는 상황이다.

뉴욕대학의 한 연구진이 방 하나를 혼자 사용하며 자란 아이들 그룹과 한 방에서 여러 형제가 함께 기거하며 자란 아이들 그룹을 나누어서 장기간에 걸쳐 조사를 했다고 한다. 그 결과 한 방에서 많은 형제와 부대끼며 자란 아이들이 자기만의 방을 사용하며 자란 아이들에 비해 지능발달지수가 높고 사회적응지수도 상승했다는 것이다. 놀라운 반전 아닌가?

나는 하나님께 감사한다. 우리 세대는 교육적인 목적을 가지고 아이들을 한 방에서 지내게 한 것이 아니라 할 수 없이 그렇게 살았는데, 그것이 우리들의 정서를 풍성하게 했다는 것이다.

요즘 아이들을 보면, 대부분의 가정에 자녀가 한두 명인 경우가 많아서 어린 시절부터 각자의 방을 꾸며주며 지극정성으로 배려를 한다. 개별적으로 과외도 시켜주고, 지능지수와 감성지수 높여준다는 온갖 자료와 프로그램들을 제공해준다. 하지만 그렇게 자라는 요즘 아이들이 우리의 어린 시절에 비해 감성지수가 높은 것 같지는 않다.

예전에 우리가 자랄 때는 여고생들이 다 문학소녀 아니었는가? 발표 기회도 안 주는데 열심히 시를 썼고, 가을이 되면 넘치는 감성으로 모두가 시인이 되었다. 그야말로 날아가는 새만 봐도 행복을 느꼈는데, 요즘 아이들은 날아가는 새만 봐도 짜증이 난다고 한다. 저것들은 왜 공부 안 하고 저렇게 돌아다니느냐고. 이처럼 하나님께서 우리에게 주신 것들, 부지불식간에 누렸던 은혜와 혜택들이 얼마나 많은지 모른다.

나는 지금도 '식구'라는 말을 참 좋아한다. 한 식탁에서 같이 밥을 먹으며 누리는 시간, 그 시간을 함께하며 사랑을 나누는 가족. 이런 것이 얼마나 풍요로운 것인지를 아이들에게 가르쳐야 한다. 지금이야말로 우리의 아이들에게 사람을 귀히 여기고, 만남의 축복을 귀히 여기는 것을 가르치는 일이 절실한 시대가 아닐까?

소중한 동행

오래전부터 나는 심방을 가거나 어디를 갈 때 마음으로 가끔 이런 독백을 한다.

"오늘도 소풍처럼 즐거운 하루가 내게 주어졌다."

소풍이 왜 즐거운가? 가방 안에 있는 간식이나 미지근해져버린 사이다가 나를 즐겁게 하는 것이 아니다. 친구들과 함께하니까 즐거운 것이다. 친구들과 자연으로 나가서 지내는 것이 즐거운 것이다.

초등학교 6년, 중고등학교 6년 동안 열두 번의 소풍을 갔으니 아마 그중에 한두 번은 비를 만난 적이 분명히 있을 것이다. 기대하고 소풍을 갔는데 갑자기 막 비가 쏟아진 경험이 다들 한 번 정도는 있지 않은가? 그럴 때 어떤가? 절망이 밀려오는가? 나도 비를 만난 소풍이 있었는데, 그 비를 보면서 좌절감에 빠져서 괴로워하지 않았다. 오히려 최고의 이벤트로 여기며 깡충깡충 뛰어다녔다. 그런 걸 생각해보니, 좋아하는 친구나 사랑하는 사람과 함께 경험하는 고난이라면 그것이 오히려 인생길의 이벤트가 될 수 있다는 것을 새롭게 깨달았다.

우리의 인생이 아무런 고난이나 고통이 없는 순탄한 생활이 되기는 어렵다. 혹여 그럴 수 있다 해도 혼자서 걷는 순탄한 인생길보다는 소풍 길에서 비를 만나듯 인생에 고난이나 고통이 찾아올 때 사랑하는 사람과 함께 나눔으로 그 고통이 오히려 지루한 인생의 이벤트로 인식되는 축복이 있기를 바란다. 좋은 사람과의 동행은 이처럼 소중하다.

"사람이 꽃보다 아름다워"라는 유행가 가사처럼 사람이 꽃보다 아름답고 꽃보다 향기롭다는 것을 인식하는 인생, 다른 감사의 제목들을 다 합쳐도 아름다운 사람 하나 만난 것보다 못함을 인식하는 인생이 되길 바란다. 그러면 행복하다. 기쁨이 넘치게 된다.

일주일 내내 끙끙거리며 설교 준비를 모두 마치고 이제 프린트만 하면 되는 순간, 그때 내 안에 얼마나 큰 기쁨과 감격이 넘쳐 오르는지 아무도 모를 것이다. '드디어 모든 설교 준비를 마치고 이제 사랑하는 성도들을 만나는 일만 남았다'는 생각에 시간이 빨리 지나갔으면 좋겠기도 하고 조급한 마음도 들면서 가슴이 벅차오른다. 하나님 안에서 좋은 만남은 이렇게 좋은 것이다.

오래전에 사막 교부들의 글을 엮어 놓은 책에서 이런 글을 봤다.

"아가도는 말했다. '나는 어떤 사람에 대해 불만을 품은 채 잠을 청한 적이 한 번도 없으며, 내게 불만을 품은 사람이 그냥 자도록 내버려둔 적 또한 한 번도 없었다.'"

나는 우리가 세상을 사는 동안 이런 아가보와 같은 사람을 많이 만나게 되는 축복을 누리게 되기를 바란다. 이런 사람을 배우자로 만난다면 지하 단칸방에 산다 하더라도 기쁘고 행복할 것이다. 더 중요한 축복은, 우리 자신이 이런 아가도와 같은 사람이 되는 것이다. 그래서 우리가 다 그런 혜택을 받고 또 그런 혜택을 끼치는 하나님의 사람이 되기를 바란다.

그래서 바울은 로마서 12장에서 이렇게 고백한다.

할 수 있거든 너희로서는 모든 사람과 더불어 화목하라 **롬 12:18**

또 히브리서 기자는 이렇게 말했다.

모든 사람과 더불어 화평함과 거룩함을 따르라 이것이 없이는 아무
도 주를 보지 못하리라 **히 12:14**

이 말씀에서 내가 발견한 놀라운 것은 우리가 열망하는 거룩함에
못지않게 모든 사람과 더불어 화평하는 것, 분쟁하지 않는 것, 다
투지 않는 것이 중요하다는 것이다. 이 두 가지 없이는 하나님을 볼
수 없다는 것이다.

바울은 또한 자신이 개척한 데살로니가교회의 성도들을 향해 감
사가 넘치는 이유로 이같이 고백한다.

우리가 너희 모두로 말미암아 항상 하나님께 감사하며 기도할 때에
너희를 기억함은 너희의 믿음의 역사와 사랑의 수고와 우리 주 예수
그리스도에 대한 소망의 인내를 우리 하나님 아버지 앞에서 끊임없이
기억함이니 **살전 1:2,3**

바울이 데살로니가교회 성도들을 향해 감사가 넘치는 이유가 바로 그들의 믿음과 소망과 사랑 때문이라고 한다.

위대한 종교 개혁가 칼빈은 이런 말을 했다.

"믿음의 역사와 사랑의 수고와 예수 그리스도에 대한 소망의 인내야말로 참된 기독교에 대한 간략한 정의이다."

벵겔이라는 신학자도 비슷한 이야기를 했다.

"이 믿음, 소망, 사랑 안에 기독교 전체가 존재하고 있다."

그러니 누가 기독교를 한마디로 정의해보라고 하면 이렇게 대답하면 되지 않겠는가?

"믿음과 소망과 사랑이다."

우리가 잘 아는 고린도전서 13장에서도 예수 믿는 우리 모두가 믿음과 소망과 사랑을 항상 지녀야 한다고 권면하는 이유가 여기에 있다.

그런데 이 중요한 세 가지, 즉 믿음과 사랑과 소망에 꼬리표가 하나씩 붙어 있다. 그것은 믿음과 소망과 사랑을 제대로 구현하기 위한 전제조건이다. 우리의 인생이 옆에 있는 사람에게 감사의 제목이 될 수 있기를, 또한 그 사람이 우리 인생의 감사 제목이 될 수 있기를 소망하는 마음으로 이것을 살펴보고자 한다.

살아 있는 믿음에 따르는 역사

첫째, 믿음이 온전히 이루어지기 위해서는 '믿음의 역사'가 있어야 한다.

'믿음의 역사'란 믿음에 의해 산출되는 일들 혹은 믿음으로 행하게 되는 일들이라고 해석할 수 있다. 믿음 속에는 생명력이 있어서 능력으로 일어나는 역사가 따라오게 되어 있다. 눈에 보일 듯 말 듯한 겨자씨만 한 믿음을 가지고도 산을 옮길 역사가 나타난다고 했다.

바울은 생명력을 가진 데살로니가 교인들을 이렇게 설명한다.

이는 우리 복음이 너희에게 말로만 이른 것이 아니라 또한 능력과 성령과 큰 확신으로 된 것임이라 **살전 1:5**

이 구절을 보면서 말만 가지고 떠드는 믿음, 입만 살아 있는 믿음을 탈피하기 위해 세 가지가 구비되어야 함을 발견한다. 그것은 능력, 성령, 큰 확신이다. 이 세 가지는 서로 유기적인 관계를 맺고 있다. 복음 자체가 가지고 있는 능력이 있다. 그런데 그 복음의 능력이 제대로 발휘되기 위해서는 성령의 기름 부으심이 있어야 한다. 성령의 기름 부으심으로 우리의 믿음이 딱딱하고 날카로운 이론으로만 끝나는 것이 아니라 내 삶 속에서 변화를 일으키고 역사를 만드는 능력이 되는 것이다. 우리가 이 사실을 경험하기 위해서는 큰 확신을 가지고 하나님 앞에 나아가야 한다. 이렇게 능력과 성령과 큰 확신은 행함이 있는 믿음을 갖기 위해 구비해야 할 조건이 된다.

분당우리교회 금요기도회에는 환우들을 위한 기도 시간이 있다. 한번은 그 기도회에서 교회의 한 직원이 기도하여 비염과 축농증을 치료받았다는 간증을 한 적이 있었다. 사연이 궁금해진 나는 그 자매에게 이메일을 보내서 이후의 일들을 물어보았다. 목사인 내 믿음이 얼마나 부족했는지, 혹시라도 원래대로 돌아왔다고 할까 봐 염려하는 마음으로 메일을 보냈다. 그런데 자매에게서 온 메일에는 이런 말이 적혀 있었다.

"축농증(비염이 심해져서 생긴 증상)은 X-ray를 찍어봤는데 완전히 나았고, 예전엔 아침에 일어나면 재채기와 콧물이 났었는데 그 증상이 사라졌어요. 더 놀라운 건 의사가 비염은 완치가 안 된다고 했는데, 요즘은 예전 같은 비염 증상이 나타나지 않는다는 거예요."

기쁘고 감사했다. 죽은 믿음, 교회만 왔다 갔다 하는 믿음이 아니라 능력과 성령과 큰 확신으로 중심에서부터 하나님을 갈망하는 마음으로 기도한 그 자매에게 믿음의 역사가 일어난 것이다.

모태신앙, 오래 예수 믿은 분들, 직분을 가지고 있는 분들이 훈장처럼 직분만 달고 다니는 것이 아니라 실제적인 삶 속에서 능력과 성령과 큰 확신으로 믿음의 역사를 경험하게 되기를 바란다.

수고가 따르는 사랑

둘째로, 기독교의 본질인 사랑을 이루기 위해서는 '사랑의 수고'가 있어야 한다.

수고가 따라야 사랑이라는 것이다. 사랑 때문에 행하는 일 혹은 땀 흘리며 일하는 노동을 '수고'라고 표현하는 것에 대해 어떻게 생각하는가? 나는 문학적으로 "사랑은 명사가 아니라 동사다"라고 표현하는 이유가 여기에 있다고 본다. 사랑은 명사가 아니다.

우리나라에서 수능시험을 치르는 자녀를 둔 부모, 특히 어머니의 눈물 어린 수고와 헌신은 우리가 다 아는 바이다. 얼마나 수고가 많은가? 아이들의 짜증을 다 받아주어야 하고, 공부하는 아이 곁에서 새우잠을 자며 자리를 지킨다. 수능시험이 치러지는 날에는 이른 아침부터 도시락을 싸서 아이를 시험장에 보내놓고 종일 마음을 졸이며 기도하고 기다린다. 자식을 목숨처럼 사랑하니까 그 사랑에 따르는 수고를 기꺼이 감당하는 것이다.

수고가 없는 사랑은 죽은 사랑이다. 교회 벽을 "하나님은 사랑이시라"라는 멋진 성구로 장식한다고 할지라도 그 교회가 세상을 향한 수고를 게을리한다면 그 벽에 걸린 성구는 한낱 수식어에 불과하다. 예수님의 모범을 보라. 그분은 우리를 사랑하셨다.

하나님이 세상을 이처럼 사랑하사 독생자를 주셨으니 요 3:16

나는 이 말씀을 참 좋아한다. 십자가는 주님의 사랑의 수고의 결정체이다. 우리의 치명적인 결함은 사랑한다고 말하지만 수고가 없는 데 있다. 나는 우리의 사랑의 수고가 점점 확장되기를 바란다.

자녀를 뒷바라지하느라 애쓰며 수고하는 부모님들의 사랑이 놀랍고 감사하지만, 한편으로 일평생 다른 사람을 위해서 사랑의 수고를 한 것이 자식을 위한 것밖에 없다면 너무나 초라한 인생이 아니겠는가? 그 아름다운 사랑의 수고의 지경이 점점 넓어지기를 바란다. 그래서 그 사랑의 흔적이 곳곳에 묻어났으면 좋겠다.

한번은 연변과학기술대학교에 계시는 어느 교수님의 간증을 들은 적이 있다. 이분이 서울대 공대에 들어간 후에 삶의 회의를 느끼고 술과 문학에 빠져 방황했다고 한다. 그때 예수 믿는 부인을 만났지만 교회에는 나가지 않았다고 했다.

그러다 미국 MIT로 박사과정 유학을 떠났는데, 짐을 싸면서 부인이 성경책을 가방에 넣으면 무게 때문에 안 된다며 빼고, 넣으면 또 빼버렸다. 그렇게 분명히 성경책을 놓고 갔다고 생각했는데, 미국에 도착해 짐을 풀어보니 성경책이 들어 있더란다. 그리고 밥을 사준다는 후배에게 속아서 교회를 나갔다가 성경 공부까지 시작하게 되었다. 창세기를 같이 공부하게 되었는데, 순간 자기가 기독교를 비판하려면 성경을 좀 알아야겠다는 생각이 들어서 집요하게 성경의 모순을 계속 물고 늘어졌다고 한다.

여기서 내가 충격을 받은 부분은 그 바쁜 유학생들이 이 교수님 한 분을 위해서 일 년 동안 창세기를 함께 공부했다는 것이었다. 그 말에 내 마음이 녹아내렸다. 나는 이런 사랑의 수고를 해본 적이 있는가 질문하면서 스스로를 돌아보았다.

이런 정성에 결국 기독교 안티에 가까웠던 그 교수님은 사랑의 수고에 굴복하고 예수님을 영접했다. 이후에 이 교수님 한 분이 행한 수많은 선한 일들을 보면서 놀라움을 금할 수 없었다.

나는 이 교수님과 성경 공부를 같이 했던 유학생들이 일 년 동안 행했던 사랑의 수고로 평생 할 일을 거의 다 했다는 생각이 들었다. 그렇다면 우리는 어떤가? 정말 사랑하기 때문에 수고하는 일들이 지금 우리에게 있는가?

예배를 위해 몸으로 드리는 봉사도 사랑의 수고이다. 내가 가지고 있는 땀과 눈물과 노력의 결정체인 물질을 연약한 자들을 위해 기꺼이 사용하는 것도 사랑의 수고이다. 수고가 없는 사랑은 죽은 사랑이다.

소망의 인내

셋째로, 소망을 온전히 이루기 위해서는 '소망의 인내'가 있어야 한다.

여기서 말하는 소망의 인내는 소망에 근거한 인내라는 뜻으로 해석할 수 있다.

다만 이뿐 아니라 우리가 환난 중에도 즐거워하나니 이는 환난은 인내를, 인내는 연단을, 연단은 소망을 이루는 줄 앎이로다 롬 5:3,4

소망이 가진 힘이 이처럼 크다. 그런데 여기서 우리가 기억해야 할 것이 있다.

> 하나님이 그들로 하여금 이 비밀의 영광이 이방인 가운데 어떻게 풍성한 것을 알게 하려 하심이라 이 비밀은 너희 안에 계신 그리스도시니 곧 영광의 소망이니라 골 1:27

소망이 가진 힘이 크지만, 그 소망의 근거가 예수 그리스도이심을 잊지 말아야 한다. 우리를 구원해주시기 위하여 십자가의 고통을 감당하셔야 했던 그 사랑의 수고가 있었기에 오늘 우리가 이런 거듭난 삶을 살 수 있게 되었다.

고통이 찾아올 때 단순히 이불 뒤집어쓰고 참는 것을 소망의 인내라고 하지 않는다. 소망의 인내는 능동적이고 적극적이다. 예수 그리스도를 소망하는 자, 예수 그리스도가 우리를 위하여 십자가를 지심으로 새로운 피조물이 된 내가 이까짓 장애물, 이까짓 고통, 이까짓 어려움쯤은 인내로 이겨낼 수 있다고 여기며 적극적이고 능동적으로 헤쳐 나가는 능력이 소망의 인내이다.

데살로니가교회 성도들은 어떻게 고통을 이겨냈는가?

> 또 너희는 많은 환난 가운데서 성령의 기쁨으로 말씀을 받아 우리와 주를 본받은 자가 되었으니 살전 1:6

환난을 억지로 참은 것이 아니다. 데살로니가 성도들은 성령으로 말미암아 기쁨으로, 감사함으로 많은 환난을 이겨나갈 수 있었다.

우리는 이 세 가지 덕목을 잘 갖추어야 한다. 먼저, 믿음의 역사가 있어야 한다. 이 믿음의 역사는 하나님을 위한 덕목이라고 할 수 있다. 둘째로, 사랑의 수고가 있어야 한다. 이것은 대인관계를 위한 것이다. 우리의 이웃을 위해 사랑의 수고를 행할 수 있어야 한다. 셋째로, 소망의 인내를 가져야 한다. 이것은 자신을 위한 것이다. 이런 소망의 인내가 풍성한 '나와 너'가 모여 이루는 것이 교회 공동체이다.

그렇기에 우리의 앞에, 옆에 있는 사람들이 우리의 기도 제목이다. 감사의 제목이 된다. "당신 덕분에 내 삶의 질이 높아졌어요"라고 서로 고백하는 풍요로운 삶을 살 수 있다.

지금 우리가 이 자리에 있기까지 힘이 되어주었던 사람들, 고마웠던 사람들이 있을 것이다. 잊고 지냈던 그 사람들에게 사랑과 감사의 편지를 써보는 것은 어떻겠는가? 그 풍성함으로 행복한 삶을 사는 우리 모두가 되길 바란다.

왕이 이르되 사울의 집에 아직도 남은 사람이 없느냐 내가 그 사람에게 하나님의 은총을 베풀고자 하노라 하니 시바가 왕께 아뢰되 요나단의 아들 하나가 있는데 다리 저는 자니이다 하니라 왕이 그에게 말하되 그가 어디 있느냐 하니 시바가 왕께 아뢰되 로드발 암미엘의 아들 마길의 집에 있나이다 하니라 다윗 왕이 사람을 보내어 로드발 암미엘의 아들 마길의 집에서 그를 데려오니 사울의 손자 요나단의 아들 므비보셋이 다윗에게 나아와 그 앞에 엎드려 절하매 다윗이 이르되 므비보셋이여 하니 그가 이르기를 보소서 당신의 종이니이다 다윗이 그에게 이르되 무서워하지 말라 내가 반드시 네 아버지 요나단으로 말미암아 네게 은총을 베풀리라 내가 네 할아버지 사울의 모든 밭을 다 네게 도로 주겠고 또 너는 항상 내 상에서 떡을 먹을지니라 하니 그가 절하여 이르되 이 종이 무엇이기에 왕께서 죽은 개 같은 나를 돌아보시나이까 하니라

08

두 가지 시선

므비보셋은 사울 왕의 손자요, 요나단의 아들이었다. 아무 일이 없었다면 이스라엘의 3대 왕이 될 뻔한 인물이다. 그러나 그는 다섯 살 되던 해에 인생이 완전히 몰락하는 절망적인 사건을 경험한다. 이웃해 있던 블레셋과의 전쟁에서 할아버지 사울과 아버지 요나단이 비참하게 목숨을 잃고 만 것이다.

그 와중에 다급해진 유모가 황급히 도망가다가 다섯 살이던 그를 떨어뜨리고 만다. 그 후유증으로 므비보셋은 두 다리를 절뚝이는 중증 장애인이 된다. 하루아침에 인생이 몰락하는 비극을 경험한 므비보셋은 부모의 사랑을 받으며 자라야 할 어린 나이부터 불구의 몸으로 깊은 산속에서 숨어 지내야 했다.

사극 드라마에 자주 등장하듯이 새로 정권을 잡은 왕은 후환을

없애기 위해 이전 왕족을 멸하는 경우가 많지 않은가? 더군다나 사울 왕이 죽은 이후 이스라엘에 새로 등극한 왕은 다윗이었고, 그는 사울의 철천지원수 같은 존재였다. 아마도 유모는 므비보셋에게 신분이 노출되면 죽은 목숨이라고 날마다 주의를 주었을 것이다.

므비보셋의 신세를 한번 생각해보자. 부모 없이 불구의 몸으로 살아가는 것도 비극적인 일인데, 늘 장래에 대한 불안과 두려움 속에서 살아야 했던 그였다. 이런 불안한 상황에서 자란 므비보셋이 건강한 자아를 가지고 정상적으로 살 수 있었겠는가? 아마도 므비보셋은 열등감과 피해의식으로 뭉친 사람으로 성장했을 것이다. 이런 그의 내면의 상처가 그대로 드러나는 구절이 있다.

> 그가 절하여 이르되 이 종이 무엇이기에 왕께서 죽은 개 같은 나를
> 돌아보시나이까 **삼하 9:8**

수소문해서 자신을 찾아낸 다윗 앞에 선 므비보셋이 던진 말이다. 그는 자신을 '죽은 개 같은 존재'라고 인식하고 있다. 이렇게 스스로를 극단적으로 비하하는 사람에게 무슨 희망이 있었겠는가? 호흡이 붙어 있으니까 살아갈 뿐, 하루하루 그저 연명하는 삶이었을 것이다. 이처럼 므비보셋은 상하고 찢긴 마음으로 살아가고 있었다.

그런데 이렇게 비참하게 몰락한 므비보셋에게 놀라운 일이 일어
난다.

왕이 이르되 사울의 집에 아직도 남은 사람이 없느냐 내가 그 사람에
게 하나님의 은총을 베풀고자 하노라 하니 시바가 왕께 아뢰되 요나
단의 아들 하나가 있는데 다리 저는 자니이다 하니라 **삼하 9:3**

하루하루를 비관하면서 절망 속에 살던 므비보셋을 다윗 왕이 거
두어준 것이다. 다윗은 므비보셋에게 두 가지 큰 은총을 베풀었다.
첫째, 다윗은 물질적인 은혜를 베풀었다.

다윗이 그에게 이르되 무서워하지 말라 내가 반드시 네 아버지 요나
단으로 말미암아 네게 은총을 베풀리라 내가 네 할아버지 사울의 모
든 밭을 다 네게 도로 주겠고 **삼하 9:7**

둘째, 다윗은 므비보셋의 명예를 회복시켜주었다.

또 너는 항상 내 상에서 떡을 먹을지니라 하니 **삼하 9:7**

왕궁에서 다른 왕자들과 더불어 왕의 식탁을 함께 누리게 해주겠

다는 것은 왕족이었던 그의 명예를 회복시켜주는 일이었다. 스스로를 죽은 개와 같이 여겼던 존재가 왕자의 반열에 서서 대접받는 은혜를 입게 된 것이다.

나는 므비보셋이 다윗에게 받은 이 은혜가 하나님께 내가 받은 은혜라는 생각이 들었다. 죄로 인해 태중에서부터 죄악 가운데 거하던 우리 인생은, 그냥 내버려두었다면 탐욕적이고 이기적이고 근시안적으로 눈앞에 있는 것을 갖는 데 급급하다가 끝나버렸을 것이다. 그러나 십자가로 우리를 거두어주신 주님의 은혜로 말미암아 우리는 새로운 인생이 되었고 새로운 신분을 얻게 되었다. 이 감격이 내 안에 넘치며 자꾸 므비보셋과 내 모습이 오버랩되었다.

혹시 므비보셋이 가졌던 자기 인식처럼 스스로를 초라한 존재로 인식하고 있지는 않은가? 어떤 실패를 계기로 인생이 꺾여버렸는데 아무리 노력해도 잘 회복되지 않을 때, 자기도 모르게 좌절감과 실패감에 파묻혀서 죽은 개 같은 존재처럼 희망이 없다고 생각하지는 않는가?

그렇다면 꼭 기억하자. 하나님은 그런 사람을 찾고 계신다. 스스로를 죽은 개 같은 존재로 여기던, 그래서 깊은 곳에 숨어 살던 므비보셋을 수소문해 찾아낸 다윗처럼, 하나님도 우리를 부르고 계신다. 므비보셋에게 임한 다윗의 은총은 우리를 향한 하나님의 은혜의 손길이다. 이 사실을 꼭 붙들어야 한다. 하나님의 은혜의 빛이 소망 없는 우리에게 임하는 놀라운 은혜를 경험하길 바란다.

내가 여기서 다윗에게 감동받은 포인트가 하나 있다. 므비보셋을 향한 다윗의 시선이다. 므비보셋을 향한 다윗의 두 가지 시선은 우리가 배워야 할 모습이다. 이것을 간단히 정리하면 이렇다.

건강한 시선으로 보라

첫째, 다윗은 '상대방에 대한 건강한 시선'을 가지고 있었다.

사실 다윗 입장에서 므비보셋처럼 머리를 복잡하게 만드는 존재도 없었을 것이다. 므비보셋의 아버지는 우정의 대명사 요나단이었지만, 할아버지 사울은 원수 중의 원수였던 사울 아닌가?

이 각도로 보면 다윗에게 은인 같았던 친구의 아들이지만, 저 각도로 보면 원수의 손자였던 것이다.

다윗은 므비보셋을 만났을 때, 그에게서 양면적인 모습을 보았을 것이다. 할아버지를 빼닮은 므비보셋에게는 집요하게 자신을 괴롭히던 못된 사울의 모습이 담겨 있었을 것이다. 그런가 하면 또 다른 모습, 가장 고독했을 때 자신을 거두어주었던 생명의 은인 요나단의 모습도 담겨 있었을 것이다.

이런 므비보셋의 양면적인 모습은 대인관계에서 우리가 종종 경험하는 일들이다. 아무리 원수라 하더라도, 사울과 같이 죽이고 싶은 면만 갖고 있는 사람은 없다. 그 반대의 경우도 마찬가지다. 그 사람 모습 속에 요나단처럼 고마운 모습만 갖춘 사람도 없다. 이

둘이 섞여 있는 것이 대인관계이다.

남편이나 아내를 한번 생각해보라. 늘 고맙기만 한가? 남편의 모습 속에 요나단만 들어 있는가? 가만히 생각해보면 세상에서 내게 고마운 일을 해준 사람이 남편이지만, 남편만큼 내게 상처를 많이 준 사람도 없을 것이다. 또 반대로 남편도 아내에게서 고마운 요나단의 모습과 원수 같은 사울의 모습, 이 두 모습을 모두 볼 수 있을 것이다. 시부모와 며느리의 관계도 마찬가지다. 내게 상처 주고 아픔을 주었던 일들을 기록하자면 노트 한 권으로도 부족할 것이다. 반대로, 고마웠던 일들을 기록한다 해도 역시 노트 한 권을 다 채울 수 있을 것이다.

이처럼 우리의 대인관계에는 양면적인 모습이 늘 공존한다. 그렇기 때문에 그 사람과의 관계는, 내가 그 사람에 대해 어느 시선으로 바라보느냐에 따라 그 깊이가 결정된다고 할 수 있다. 우리는 어떤가? 우리는 상대방을 어느 각도로 바라보는 데 익숙한가? 불행하게도 대부분의 사람들은 자주 원수 '사울' 쪽을 바라보기로 선택한다. 상대방에게서 고마운 '요나단'의 모습이 아홉 가지, 못된 사울의 모습은 한 가지뿐인 상황이라 하더라도 우리는 종종 상대방에게서 각인된 고마운 아홉 가지는 던져버리고 한 가지 서운했던 기억을 택하여 관계를 깨뜨리곤 한다.

그런데 다윗은 달랐다. 다윗은 므비보셋 안에 투영된 요나단의 모습과 사울의 모습 중에서 원수 사울이 아닌 고마운 요나단을 바라보는 시선으로 그를 바라보았다. 이것이 우리가 다윗에게서 배워야 할 점이다.

> 다윗이 이르되 사울의 집에 아직도 남은 사람이 있느냐 내가 요나단으로 말미암아 그 사람에게 은총을 베풀리라 하니라 **삼하 9:1**

다윗은 원수 사울로 말미암아 므비보셋을 내치겠다고 말하지 않았다. 고마운 요나단으로 말미암아 은총을 베풀겠다고 했다. 7절에서도 마찬가지다.

> 내가 반드시 네 아버지 요나단으로 말미암아 네게 은총을 베풀리라 **삼하 9:7**

새번역 성경은 이 구절을 "내가 너의 아버지 요나단을 생각해서"라고 번역한다. 므비보셋을 보니까 사울도 생각나고 요나단도 생각나는데, 다윗은 둘 중에서 요나단을 선택한 것이다. 이러한 다윗의 시각이 우리 모두에게 부어지는 은혜가 있기를 바란다. 대인관계에서 좋은 면도 기억나고 나쁜 면도 기억날 때, 고마웠던 요나단의 기억을 선택하는 건강한 시선을 갖기 바란다.

하나님께서 우리를 보시는 시선도 마찬가지다. '머리 검은 짐승은 거두지 말라'는 옛말이 있듯이 하나님께서 우리에게 베풀어주신 은혜를 저버리고 배은망덕한 모습을 보여준 적이 많은 부끄러운 우리이지만, 하나님은 우리의 부끄러운 모습에 시선을 고정하는 분이 아니시다. 대신에 하나님은 그런 부족한 우리 모습에 덧씌워진 예수 그리스도의 십자가의 흔적으로 우리를 바라보신다.

십자가의 시각으로, 내 안에 있는 십자가의 흔적으로 나를 대해 주시니까 자꾸 의롭다고 하시는 것이다. 우리는 의롭지 않은데, 하나님의 시선이 십자가를 통해 우리를 봐주시기에 의롭다고 하시는 것이다. 우리의 행위를 보면 어떻게 우리가 의로울 수 있는가?

우리는 이런 혜택을 받고 있다. 하나님의 시선은 우리의 못된 행위에 머물지 않고, 십자가로 구원받은 존재인 우리에게로 향하신다. 이 은혜를 받았으니, 주변 사람들을 향한 우리의 시선도 다윗처럼 교정되는 은혜가 있기를 원한다.

하나님 은혜의 시선으로 바라보라

두 번째로, 다윗에게 배워야 하는 것은, 다윗은 '상대방과 자신 사이에 하나님을 개입시키는 훈련'이 잘 되어 있다는 사실이다. 다시 말해 상대방을 하나님의 은혜의 시선으로 바라볼 줄 알았던 인물이 다윗이다.

왕이 이르되 사울의 집에 아직도 남은 사람이 없느냐 내가 그 사람에게 하나님의 은총을 베풀고자 하노라 삼하 9:3

지금 다윗이 므비보셋과 자기 사이에 하나님을 개입시키고 있는 것을 볼 수 있다. 1절에서 '고마운 요나단으로 말미암아' 그에게 은총을 베풀겠다고 했던 다윗은 이제 인간적인 은총에만 머물지 않고 '하나님의 은총'을 베풀겠다고 말한다.

무슨 뜻인가? 그동안 자기에게 베풀어주신 하나님의 은총이 너무 감격적이어서, 자신이 받은 하나님의 은총을 므비보셋에게 베풀겠다는 것이다.

나는 이 구절을 묵상하며 참 많은 생각을 했다. 다윗이 므비보셋에게 호의를 베풀 수 있었던 결정적인 이유가 무엇이었을까? 사울의 모습과 요나단의 모습이 공존하는 므비보셋을 보면서 왜 사울 쪽으로 기울어 그를 내치지 않고 요나단 쪽으로 기울어 은혜를 베풀었을까? 그것은 다윗의 내면 바탕에 하나님의 은총의 시각이 있었기 때문이다. 자신도 용서를 받았다는 것이다. 자신도 은혜를 입었다는 것이다. 그 은혜의 시각으로 사람들을 바라보고 상대하니까 므비보셋을 향한 긍휼함이 생겨난 것이다.

우리의 대인관계가 건강하게 회복되기 위해서는 다윗처럼 상대방과 자기 사이에 하나님의 은혜를 개입시키는 훈련을 해야 한다.

나는 기도를 많이 하는 성도들일수록 용서의 대가들이 되기를 바란다. 그런데 불행하게도 한국교회 성도들에게서 '삶 따로, 신앙 따로'의 모습을 볼 때가 종종 있다. 기도는 많이 하는데, 속 좁기는 최고인 분들이 있다. 성령 체험했다고 말하는데, 대인관계를 들여다

보면 그런 충만한 은혜의 물꼬가 흐르지 않아 편협한 모습을 보이는 경우도 많이 본다.

그러니까 기도 많이 하는 것을 자랑하지 말고 하나님의 은총을 받은 자들이 사랑의 대가, 용서의 대가가 되는 것을 자랑해야 한다. 하나님의 성품을 닮는 것을 자랑해야 한다. 이것이 우리가 다윗에게서 배워야 할 아름다운 모습이다.

사도 바울의 고백을 들어보자.

> 헬라인이나 야만인이나 지혜 있는 자나 어리석은 자에게 다 내가 빚진 자라 그러므로 나는 할 수 있는 대로 로마에 있는 너희에게도 복음 전하기를 원하노라 롬 1:14,15

바울이 언제 야만인에게 빚진 일이 있는가? 바울이 언제 어리석은 자에게 빚을 졌는가? 빚진 적 없다. 그러나 바울의 마음에는 다윗과 같이 하나님의 은혜가 있었다. 자신의 행위에 초점을 두어 멸하지 않으시고, 십자가의 시각으로 다메섹 도상에서 거두어주신 은혜가 그의 가슴 속에 있었다. 그래서 자기를 괴롭히는 야만인에게 빚진 자처럼 느껴진다고 고백한다. 용서하지 않고는 견딜 수 없는 심정, 복음을 전하지 않고는 견딜 수 없는 빚진 자의 심정이 그에게 있었던 것이다.

우리도 십자가의 은혜로 용서하지 않고는 견딜 수 없는 빚진 자의 심정을 회복할 수 있기를 바란다. 이렇게 말하지 말라.

"내가 왜 저 인간을 용서해야 하는데!"

이런 사람은 은혜를 모르는 사람이다. 우리가 용서해야 하는 이유가 있다. 주님이 요나단을 향한 시선으로 우리를 용서해주셨기 때문이다. 따라서 빚진 자의 심정으로 이를 악물고 그를 용서하는 자리에 이르기까지 애쓰는 것이 신앙인의 모습이다.

다윗 안에 있던 이 두 시선이 우리에게 있기를 원한다. 요나단을 향한 시선과 하나님의 은혜를 향한 시선, 이 시선으로 상대방을 바라본다면 우리의 대인관계에 지금보다 훨씬 윤택한 은혜가 넘치게 될 것이다.

사랑의 선순환

이렇게 해서 므비보셋은 다윗에게 큰 은총을 입었다. 그런데 여기서 내가 주목하는 포인트가 하나 더 있다. 다윗이 므비보셋에게 은총을 베풀어준 이후에 시간이 꽤 많이 흐른 어느 날, 다윗의 삶에 절체절명의 위기가 찾아왔다. 다윗의 아들 압살롬이 반란을 일으킨 것이다. 엎친 데 덮친 격으로 백성도, 그렇게 믿었던 신하 중에서도 여러 사람이 다윗에게 등을 돌렸다. 그는 피신할 수밖에 없었다. 이런 다급한 상황에 놓인 다윗에게 작은 헤프닝이 벌어졌다. 므비보셋의 종 시바가 거짓으로 계략을 꾸며 다윗과 므비보셋 사이를 이간질한 것이다.

왕이 이르되 네 주인의 아들이 어디 있느냐 하니 시바가 왕께 아뢰되
예루살렘에 있는데 그가 말하기를 이스라엘 족속이 오늘 내 아버지
의 나라를 내게 돌리리라 하나이다 하는지라 **삼하 16:3**

시바는 새빨간 거짓말로 다윗에게 충격을 가했다. 다윗 왕이 위
기를 만나자 므비보셋이 '이제 잃어버린 나라를 되찾을 때가 되었
다'는 말을 했다는 것이다. 다윗에게 이보다 더 충격적인 말이 어디
있겠는가? 그렇게 은혜를 베풀어주었는데, 이런 배은망덕한 경우가
어디 있겠는가?

사실, 평상시 같으면 이런 모함에 휘둘릴 다윗이 아니었는데 지금
워낙 당황스러운 상황에 놓여 있다 보니 내막을 자세히 알아보지
않고 므비보셋에게 상처가 될 졸속 처분을 내리게 된다.

왕이 시바에게 이르되 므비보셋에게 있는 것이 다 네 것이니라

삼하 16:4

그 못된 놈의 재산을 몰수하라는 것이다. 너무나 어이없는 결정
이었다. 이런 황당한 말을 믿고 자기 재산을 몰수하라니. 므비보셋
의 입장에서 보면 다윗에게 큰 상처를 받을 수 있는 상황이다.

그런데 이런 상황에서도 므비보셋은 다윗을 향한 흔들림 없는 충
성을 보여주었다. 나중에 반란이 진압되어 다윗 왕이 복귀하자 므

비보셋이 왕을 맞으며 이런 말을 한다.

사울의 손자 므비보셋이 내려와 왕을 맞으니 그는 왕이 떠난 날부터 평안히 돌아오는 날까지 그의 발을 맵시 내지 아니하며 그의 수염을 깎지 아니하며 옷을 빨지 아니하였더라 **삼하 19:24**

참 감동적인 고백 아닌가? 더군다나 그는 이런 고백도 한다. 사무엘하 19장 29,30절을 보라.

왕이 그에게 이르되 네가 어찌하여 또 네 일을 말하느냐 내가 이르노니 너는 시바와 밭을 나누라 하니 내 주 왕께서 평안히 왕궁에 돌아오시게 되었으니 그로 그 전부를 차지하게 하옵소서 하니라
삼하 19:29,30

왕이 평안히 복귀하셨기 때문에 자기는 더 이상 바라는 것이 없음을 고백하는 므비보셋의 모습에서 다윗 왕을 향한 상처나 서운함이 전혀 없음을 알 수 있다. 이것이 어떻게 가능했을까? 나는 이것을 '사랑의 선순환'이라는 차원으로 설명할 수 있다고 생각한다.

이게 무슨 말인가 하면, 므비보셋 입장에서는 다윗에게서 두 가지 차원의 모습이 보일 것이다. 하나는, 사무엘하 9장에서 죽은 개 같은 자기를 거두어 준 '고마운 다윗의 모습'이 있고, 그런가 하면 사

무엘하 16장에서 모함하는 시바의 말만 믿고 자기 재산을 몰수하라고 명하는 '야속한 다윗의 모습'도 담겨 있다. 므비보셋은 다윗의 이런 두 모습 중에서 죽은 개 같은 자신을 거두어준 '고마운 다윗의 모습'을 취했기 때문에 여전히 다윗을 신뢰하고 사랑할 수 있었던 것이다.

중요한 것은 이 질문이다. 므비보셋은 이런 태도를 누구에게 배웠는가? 다윗에게 배웠다. 다윗은 므비보셋의 내면에 있는 두 모습 중에서 할아버지 사울로 인해 그를 내치지 않고 아버지 요나단으로 인하여 거두어주었다. 므비보셋은 이런 결단을 내렸던 다윗에게서 배운 그대로 실천하고 있는 것이다.

이것이 내가 말하는 '은혜의 선순환'이다. 은혜는 선순환한다. 다윗에게서 므비보셋이 은혜를 받았고, 그 은혜가 다시 다윗에게로 흘러들어갔다.

나는 이 원리가 교회 안에서 강물처럼 흐르게 되기를 기도한다. 믿음이 조금이라도 더 성숙한 사람이 먼저 '다윗의 본'을 보여주면 좋겠다. 그리고 뒤따르는 후배들이 므비보셋이 되어 '사랑의 선순환'을 일으키면 좋겠다.

가정에서도 마찬가지이다. 가정에서 시어머니와 며느리 사이에서도 이 원리가 적용되면 좋겠다. 며느리와 시어머니 사이에서 누군가가 먼저 다윗처럼 사랑의 은총을 베풀어준다면 상대방도 그 모습 그대로 따라하게 될 것이다. 가정 안에서 이런 '사랑의 선순환'이 회복되기를 바란다.

우리 삶에서 내가 먼저 다윗의 역할을 자처하면 좋겠다. 그러면 상대방도 므비보셋처럼 사랑의 선순환의 원리로 나를 품고 용서해 주는 일이 일어날 것이다. 사랑의 선순환이 많이 일어나는 교회와 가정이 되길 진심으로 바란다.

다른 한 비유를 들으라 한 집 주인이 포도원을 만들어 산울타리로 두르고 거기에 즙 짜는 틀을 만들고 망대를 짓고 농부들에게 세로 주고 타국에 갔더니 열매 거둘 때가 가까우매 그 열매를 받으려고 자기 종들을 농부들에게 보내니 농부들이 종들을 잡아 하나는 심히 때리고 하나는 죽이고 하나는 돌로 쳤거늘 다시 다른 종들을 처음보다 많이 보내니 그들에게도 그렇게 하였는지라 후에 자기 아들을 보내며 이르되 그들이 내 아들은 존대하리라 하였더니 농부들이 그 아들을 보고 서로 말하되 이는 상속자니 자 죽이고 그의 유산을 차지하자 하고 이에 잡아 포도원 밖에 내쫓아 죽였느니라 그러면 포도원 주인이 올 때에 그 농부들을 어떻게 하겠느냐 그들이 말하되 그 악한 자들을 진멸하고 포도원은 제때에 열매를 바칠 만한 다른 농부들에게 세로 줄지니이다 예수께서 이르시되 너희가 성경에 건축자들이 버린 돌이 모퉁이의 머릿돌이 되었나니 이것은 주로 말미암아 된 것이요 우리 눈에 기이하도다 함을 읽어본 일이 없느냐 그러므로 내가 너희에게 이르노니 하나님의 나라를 너희는 빼앗기고 그 나라의 열매 맺는 백성이 받으리라 이 돌 위에 떨어지는 자는 깨지겠고 이 돌이 사람 위에 떨어지면 그를 가루로 만들어 흩으리라 하시니 대제사장들과 바리새인들이 예수의 비유를 듣고 자기들을 가리켜 말씀하심인 줄 알고 잡고자 하나 무리를 무서워하니 이는 그들이 예수를 선지자로 앎이었더라

09

평생 감사

마태복음 21장에는 예수님이 예루살렘에 입성하신 이후의 행적들이 열거된다. 그중에서 예수님이 가장 먼저 방문하신 곳이 성전이다. 예수님께서 성전을 제일 먼저 방문하셨다는 것은, 그만큼 성전에 대한 관심이 많으셨음을 뜻하기도 하지만, 또한 당시 성전이 말로 다할 수 없을 만큼 변질되고 타락해 있었기 때문이기도 하다.

예수님은 당시의 타락한 성전을 정화하시고자 그곳을 방문하신 것이다.

예수께서 성전에 들어가사 성전 안에서 매매하는 모든 사람들을 내쫓으시며 돈 바꾸는 사람들의 상과 비둘기 파는 사람들의 의자를 둘러 엎으시고 그들에게 이르시되 기록된 바 내 집은 기도하는 집이라

일컬음을 받으리라 하였거늘 너희는 강도의 소굴을 만드는도다 하
시니라 마 21:12,13

광장히 과격하신 주님의 모습에서 중요한 영적 원리 하나를 발견
한다. 교회는 사랑이다. 두말할 필요가 없는 전제이다. 그러나 그
사랑은 공의와 원칙과 진리 사수의 토대 안에서 이루어져야 한다는
것이다. 교회에서 공동체로서의 모습이 흐려지고 변질되며 거룩과
순결을 잃어버릴 때, 그때는 진리 사수가 사랑보다 우선한다는 말
이다.

목회를 하다 보니, 이 둘 사이의 균형이 얼마나 어려운지 알게 되
었다. 성공적으로 목회를 해나가는 분들을 연구해보면, 대부분 사
랑과 공의의 조화를 잘 이루어나간다는 공통점을 발견하게 된다.
모든 것을 다 포용할 듯이 넓고 깊은 사랑을 가지고 있는가 하면,
때로는 피도 눈물도 없어 보이는 냉정한 결단력을 가지고 있다. 그
래서 교회의 유익과 교회 공동체의 거룩과 순결을 위해서라면 감정
에 휘둘리지 않고 무섭게 일을 처리하는 일들도 종종 본다. 나는 이
두 가지 균형을 잘 갖춘 지도자가 되기를 날마다 기도하고 있다.

공의에 담겨 있는 사랑과 긍휼

불의와 타협하지 않으시는 공의로우신 주님, 이것이 성전을 방문
하셔서 보여주신 예수님의 모습이다. 그런데 예수님의 행동은 여기

서 끝난 것이 아니다. 이어지는 본문을 살펴보면, 잘못된 관행들에 대해 과격하게 반응하신 예수님이 보이신 균형이 발견된다.

예수께서 성전에 들어가 가르치실새 마 21:23

예수님은 그들의 잘못된 모습에 대해 정죄하고 비판하고 파괴하셨지만, 거기서 끝내지 않으셨다. 잘못 알고 잘못 행하는 것들을 올바로 가르쳐주고 교정해주려 애쓰시는 모습이 본문에 나와 있다.

대제사장들과 장로들이 예수님에 대해 삐딱한 마음을 가지고 "당신이 무슨 권위를 가지고 이런 일을 하느냐"라며 시비를 걸 때도 예수님은 비유를 들어 친절하고 자상하게 그들의 생각을 교정해주려 애쓰셨다. 이것이 얼마나 중요한 균형인가?

예수님은 불의를 사랑이라는 이름으로 못 본 척 눈감고 지나가지 않으시는 공의를 가진 분이시다. 그러나 또 한편으로는 할 수만 있다면 스스로 깨닫고 돌아올 수 있도록 최선을 다하여 가르치고 교훈하시는 예수님의 균형을 보게 된다. 이것이 지도자들이 가져야 할 성품이요, 자녀를 양육하는 부모가 가져야 할 성품이요, 이 땅을 살아가는 그리스도인들의 모습이어야 한다고 생각한다.

마태복음 21장에도 이런 예수님의 균형 잡힌 모습이 고스란히 담겨 있다. 예수님은 대제사장들과 바리새인들의 잘못된 생각을 교정해주시려고 포도밭 비유를 통해 설명하신다. 대부분의 비유가 다 그렇듯이 내용은 아주 간단하다.

어떤 포도원 주인이 포도밭을 잘 가꿔서 농부들에게 세로 주고 먼 지역으로 여행을 떠났다. 세월이 흘러 결실할 때가 되자 주인은 종들을 보내서 수확한 열매를 거두기 원했다. 그런데 그 농부들이 아주 악한 사람들이었다. 그들은 배은망덕하게도 주인이 보낸 종들을 잡아 죽인다. 주인은 초인적인 인내를 발휘해서 더 많은 종을 보냈는데, 그 못된 농부들은 똑같은 짓을 저지른다. 그러자 포도밭 주인은 상식적으로는 납득이 가지 않는 무한 인내를 발휘해서 '이번에는 내 아들을 보내자. 내 아들은 존중해주겠지'라는 생각으로 아들을 보냈는데, 농부들은 그 아들마저 죽여 버린다.

이 이야기를 하신 후에 예수님은 이 못된 농부들의 행위에 대해 포도밭 주인이 돌아온다면 어떤 일이 일어날지를 질문하신다. 짐작했겠지만 그 포도밭의 주인은 하나님이시다. 그리고 보냄 받은 종들은 구약에서 수없이 많이 파송되어온 선지자들을 의미한다. 포도밭에 세를 내고 일하는 농부들은 이스라엘 백성을 가리키고, 그 포도밭 주인의 아들은 예수 그리스도를 가리킨다.

이 말씀의 핵심은 하나님이 오랜 세월 동안 변질되고 타락한 이스라엘 백성을 위해 하나님의 종인 선지자들을 보내 회개를 촉구했지만 그들이 말을 듣지 않았다는 것이다. 그래서 독생자 예수 그리스도를 이 땅에 보내주셨지만, 그들은 여전히 회개하지 않았다. 그래서 예수님은 그들에게 '하나님이 이렇게 기회를 주심에도 불구하고 끝까지 회개하지 않으면 반드시 그 결과에 대한 심판이 있을 것이다'라는 것을 강조하고자 이 비유를 들려주셨다. 무서운 경고의 말씀이다.

그런데 사실은 이 무서운 말씀 속에 놀라운 하나님의 사랑과 궁휼이 담겨 있다. 감사의 제목이 너무 많이 나오는 것이다. 그것을 압축하고 압축하니까 세 가지로 정리할 수 있었다.

사명 주심에 감사하자

본문 말씀에서 발견되는 감사 제목 세 가지를 정리하면 이렇다.
첫째, '사명 주심'에 대한 감사이다.

다른 한 비유를 들으라 한 집 주인이 포도원을 만들어 산울타리로 두르고 거기에 즙 짜는 틀을 만들고 망대를 짓고 농부들에게 세로 주고 타국에 갔더니 마 21:33

포도밭 주인은 농부들을 믿고 자기가 조성한 모든 포도밭을 그들에게 맡겼다. 나는 주인의 모습 속에서 천지를 창조하신 후 마지막 날 인간을 만드시고 그 모든 것을 위임하신 아버지 하나님의 모습을 발견했다. 그러면서 창세기의 한 말씀이 문득 떠올랐다.

하나님이 그들에게 복을 주시며 하나님이 그들에게 이르시되 생육하고 번성하여 땅에 충만하라, 땅을 정복하라, 바다의 물고기와 하늘의 새와 땅에 움직이는 모든 생물을 다스리라 하시니라 **창 1:28**

예수님의 비유 속에 나오는 주인이 포도밭을 만들고 산울타리를 두르며, 즙 짜는 틀을 만들고, 망대를 지어놓은 후 농부들에게 맡겨준 것처럼 우리 하나님도 천지를 창조하신 후에 그 아름다운 창조 세계를 우리 인간에게 맡겨주셨다. 우리 인간으로 하여금 하나님의 피조 세계인 온 천하 만물을 다스릴 수 있도록 기회를 주셨다. '사명'을 주신 것이다.

이런 관점으로 지난 시간을 돌아보라. 나름대로 얼마나 수고했는가? 경제가 이렇게 어렵고 사업도 악화일로로 치닫는 시기에 한 가정을 책임지는 가장은 가장대로 얼마나 애썼는가? 주부는 주부대로 가정을 챙기고 돌보느라 얼마나 고생이 많았는가?

그런데 이런 수고와 애씀이 없는 인생이 누가 있겠으며, 그 과정에 지치고 힘들지 않은 인생이 어디 있겠는가? 우리는 인생이 편해지려고 예수 믿는 것 아니다. 주님은 이렇게 초청하지 않으셨는가?

수고하고 무거운 짐 진 자들아 다 내게로 오라 내가 너희를 쉬게 하리라 **마 11:28**

얼핏 보면 예수만 만나면 모든 인생의 짐이 벗어지고 '고생 끝, 행복 시작!'일 것 같은데, 예수를 믿어도 좋아지는 것이 하나도 없다.

나는 마음이 온유하고 겸손하니 나의 멍에를 메고 내게 배우라

마 11:29

주님은 우리의 어깨에 지워진 죄 짐을 벗겨주시더니 더 무거운 십
자가를 지워주신다. 세상을 좀 편하게 살아보려고 예수를 믿었다
면 생각을 바꿔야 한다. 예수 믿는다고 편해지지 않는다. 오히려 짐
이 더 무거워진다. 죄 짐을 내려놓은 그 자리에 '사명'이라는 십자가
를 지워주기를 원하시는 분이 예수님이다.

그러니까 인생은 둘 중 하나이다. 죄의 짐을 지고 허덕거리든지,
아니면 죄 문제를 해결하고 주님의 자녀가 된 후에 사명의 짐을 지
고 가든지. 예수 믿는다고 해서 그저 편한 길만 걷게 되는 것이 절대
아니다.

그런데 예수님은 십자가라는 무거운 사명의 짐을 지워주시면서
놀라운 말씀을 하신다.

그리하면 너희 마음이 쉼을 얻으리니 이는 내 멍에는 쉽고 내 짐은 가
벼움이라 하시니라 마 11:29,30

무거운 십자가를 지면 오히려 마음에 쉼을 얻게 된다고 하니 믿

기지 않는 말씀이지만, 나는 이 말씀 속에서 희망을 본다. 이 세상 누구라도 죄 짐이든 사명의 짐이든 그 어깨에 지워진 짐을 내려놓을 수가 없는데, 그 짐을 가볍고 즐겁게 누리면서 살 수 있다고 하시니 말이다.

관점의 전환, 사명의 짐을 즐겁게 지기

비트겐슈타인의 '오리토끼'라는 그림이 있다. 이 그림은 이 각도로 보면 토끼로, 저 각도로 보면 오리로 보이는 마술 같은 그림이다. 그러니까 이 그림의 이미지를 결정하는 것은 그림 자체가 아니라 그림을 보는 사람의 마음이다. 그 마음, 즉 관점에 따라 하나의 그림이 토끼가 되기도 하고 오리가 되기도 한다.

세상의 짐이란 이 그림과 같다. 예수 그리스도가 없는 짐은 고통이다. 그러나 예수 그리스도와 동행하는 짐은 사명이다. 기쁨이다. 즐거움이다. 그러니 우리의 생각을 바꾸어야 한다. 생각을 바꾸면 십자가와 같은 무거운 사명도 기쁘게 질 수 있다.

우리 교회에 자폐나 장애를 가진 자녀를 양육하는 부모님들이 계신다. 나는 그런 분들을 마음으로 존경한다. 하나님께서 그 가정에 많은 수고가 필요한 자녀를 주신다는 것은 그만큼 감당할 사랑과 힘이 있기 때문에 주신 것이라 믿는다. 그렇기에 보배 같은 생명, 손이 많이 가는 자녀를 그 가정에 선물로 주신 것이다. 실제로 자폐나 장애를 가진 자녀를 위해 온 정성을 다하여 돌보고 섬기는 모습은 눈물겹다. 그 모습은 사명을 감당하는 사명자의 모습이다.

유난히 힘든 남편, 유난히 힘든 아내와 함께할 때 생각을 바꾸어 보라. 똑같은 현실이지만 어떤 눈으로 보느냐에 따라 원망과 불평으로 행할 수도, 기쁨과 감사함으로 행할 수도 있는 게 인생이다.

지난 시간을 돌아보며 유난히 힘든 일이 많았다고 느껴지는 사람, 유난히 마음고생이 많았던 사람이 있다면 하나님이 그만큼 믿고 신뢰하심으로 맡겨주신 사명을 감당하는 과정에서의 아픔이자 수고라고 여기는 지혜를 얻게 되길 바란다.

나는 하나님께서 분당우리교회를 이렇게 이끌어주신 것도 우리가 감당해야 할 사명이 있기 때문이라고 생각한다. 그래서 교만해지지 않기 위해서라도 그 사명을 감당하고자 한다. 경제적으로 어려운 아이들에게 공부를 가르쳐주는 사역, 이런저런 어려운 이웃들을 섬기는 일에 더 동참하고자 애쓴다. 이제 앞으로 펼쳐지게 될 '일만성도 파송운동'도 이런 정신으로 진행되기를 원한다. 우리끼리 잔치를 벌이는 것도 기분 좋겠지만, 하나님이 우리 교회를 이끄시고 성장시켜주시고 헌금을 맡겨주신 것은 이런 사역을 감당하라는 사명 때문이라고 믿는다.

나는 현재 성경 번역이 전 세계 언어의 97퍼센트나 이루어졌다는 말을 듣고 깜짝 놀란 적이 있다. 단 3퍼센트만이 자기 언어로 된 성경을 갖지 못하고 있다고 하는데, 아마도 소수민족일 것이다. 한 선교사님의 이야기가 너무 감동이 되었다. 이분은 어떤 부족의 성경

번역을 위해 그 나라의 말을 배우고 익히며 노력하고 있다고 했다. 그런데 그렇게 수고하고 애써서 번역하려는 부족의 인구가 700명이라는 데서 충격을 받았다. 단 700명의 영혼을 위하여 인생을 바치고 있는 선교사님이 너무 귀하지 않은가?

나는 그 선교사님이 '어떤 목회자들은 사람들에게 저렇게 박수 받으며 목회하는데, 나는 왜 이 구석진 곳에서 알지도 못하는 700명을 위해 인생을 바쳐야 하느냐'라고 불평하면서 성경을 번역했다고 생각하지 않는다. 그 분에게는 그것이 기쁨이요, 사명이었다고 확신한다.

우리에게 지워진 짐을 고통이라 생각하지 말고 사명이라 생각하며 감사하자. 지난 세월 동안 힘들고 어려운 일들이 있었다면, 하나님께서 그 일을 믿고 맡겨주셨기 때문이라고 고백할 수 있기를 바란다. 그럴 만한 사람이 못 되지만, 하나님이 그렇게 인정해주신 은혜의 결과였노라고 고백할 수 있기를 바란다. 기왕 '짐을 지고 사는 것'이 인생이라면, 죄 짐을 지고 허덕이는 초라한 인생이 아니라 사명의 짐을 지며 나아가는 인생이 되게 해주시길 기도할 수 있기를 바란다. 이것이 감사 기도다.

기다려주심을 감사하자

둘째, 본문에서 발견되는 두 번째 감사 제목은 '기다려주심'에 대한 감사이다.

주인은 그렇게 포도밭을 농부들에게 맡겨놓고는 결실할 때가 되어 사람을 보냈다.

열매 거둘 때가 가까우매 그 열매를 받으려고 자기 종들을 농부들에게 보내니 마 21:34

그랬는데 못된 농부들이 해서는 안 되는 짓을 저질렀다.

농부들이 종들을 잡아 하나는 심히 때리고 하나는 죽이고 하나는 돌로 쳤거늘 마 21:35

이처럼 악한 짓을 저지른 농부들에 대한 주인의 인내를 보라.

다시 다른 종들을 처음보다 많이 보내니 그들에게도 그렇게 하였는지라 마 21:36

그런데 이번에도 똑같은 짓을 저질렀다. 그래서 포도밭 주인은 초인적인 인내의 힘을 발휘하여 아들을 보냈는데도 끝까지 돌이키지 않았다. 종을 보냈는데 죽였고, 더 많은 종을 보냈을 때도 죽였고, 나중에는 초인적인 인내를 가지고 자기 아들을 보냈는데도 끝까지 돌이키지 않았다. 이 악한 농부들을 향한 포도밭 주인의 무한 한 인내가 사실은 우리 하나님의 인내다.

> 주의 약속은 어떤 이들이 더디다고 생각하는 것같이 더딘 것이 아니
> 라 오직 주께서는 너희를 대하여 오래 참으사 아무도 멸망하지 아니
> 하고 다 회개하기에 이르기를 원하시느니라 **벤후 3:9**

유명한 무신론자인 로버트 잉거솔이라는 사람이 있었다. 자기 나
름대로는 지식인이었고 똑똑한 사람이었다. 그는 무신론에 대해 강
의하면서 책상 위에 시계를 꺼내놓고는 이렇게 말했다.

"지금부터 내가 하나님께 5분의 시간을 주겠다. 5분 동안 하나
님을 저주할 테니 그동안 나를 죽이기를 바란다. 5분이 지나도 내
가 살아 있다면 하나님은 없거나 있어도 실패자에 불과하다."

그렇게 큰소리를 치고는 5분 동안 온갖 저주와 독설을 하나님께
퍼부었다는 것이다. 그러나 아무 일도 일어나지 않았다. 그러자 잉
거솔은 말했다.

"인간이 승리자요, 신은 패배자다."

그런데 그 이야기를 전해 들은 신학자 데오도르 파커는 씩 웃으
면서 이렇게 말했다고 한다.

"과연 하나님이 실패한 것일까? 오래 참으시는 하나님의 인내를
5분으로 단축시켜보려고 한 잉거솔의 패배가 아닐까?"

얼마나 의미 있는 말인가? 오래 인내하시는 하나님, 그 오래 기

다려주시는 하나님의 사랑의 혜택을 누리며 여기까지 왔다. 오늘도 주님은 우리를 기다려주신다. 다시 기회를 주신다. 그런 기다려주심의 은혜가 우리 심령에 와 닿기를 바란다.

행위대로 심판하심을 감사하자

셋째, 본문 말씀에서 발견되는 세 번째 감사 제목은 '마지막 때에 행위대로 심판하심'에 대한 감사이다.

> 농부들이 그 아들을 보고 서로 말하되 이는 상속자니 자 죽이고 그의 유산을 차지하자 하고 이에 잡아 포도원 밖에 내쫓아 죽였느니라 그러면 포도원 주인이 올 때에 그 농부들을 어떻게 하겠느냐 그들이 말하되 그 악한 자들을 진멸하고 포도원은 제때에 열매를 바칠 만한 다른 농부들에게 세로 줄지니이다 마 21:38-41

왜 심판하심이 우리에게 감사가 될 수 있는가? 생각해보라. 그렇지 않다면 너무나 억울하지 않겠는가? 세상에서 우리가 말씀대로 살아간다고 해서 복을 받는 것처럼 느껴지진 않는다. 악하고 불의를 행하는 사람들이 너무나 떵떵거리며 살아가고 있기 때문이다. 그러니 억울하다. 신학적으로 말하면 이 세상은 잠시 악한 반란군이 점령하고 있는 상태이다. 시민들은 그로 인해 고통을 당하고 있다. 그러나 이대로 끝나지 않는다. 하나님은 우리에게 소망을 주셨다. 그 반란군을 진압하고 공의가 세워질 것이며, 우리의 억울함을 풀어주실 것이고, 악한 것들은 반드시 정죄하고 심판받을 것이라고 말씀하신다. 이 말씀이 위로가 되길 바란다.

"주의 약속은 어떤 이들이 더디다고 생각하는 것같이 더딘 것이 아니라 오직 주께서는 너희를 대하여 오래 참으사 아무도 멸망하지 아니하고 다 회개하기에 이르기를 원하시느니라"라고 하신 베드로후서 3장 9절의 말씀은 이렇게 끝나지 않고 반전의 10절로 연결된다.

그러나 주의 날이 도둑같이 오리니 그날에는 하늘이 큰 소리로 떠나가고 물질이 뜨거운 불에 풀어지고 땅과 그중에 있는 모든 일이 드러나리로다 **벧후 3:10**

이 소망을 기억해야 한다. 억울하고, 분하고, 악한 자들이 떵떵거리며 잘사는 불합리로 가득한 세상 속에서도 나는 주님의 공의를 믿는다. 주님의 공의로우심이 마지막 날 심판으로 나타날 것을 믿는다. 그날을 사모하며 감사하며 기다리는 우리가 되기를 간절히 바란다.

'평생 감사'는 어떻게 가능할까? 세 가지를 마음에 담아야 한다. 먼저, 사명 주심에 대한 감사가 있어야 한다. 유난히 어려워도, 유난히 힘들어도 하나님이 내게 주신 사명을 감당하면 남편과 아내,

자녀, 주변 사람들이 내 수고의 열매를 누리게 될 것이다.

또한 기다려주심에 대한 감사가 있어야 한다. 자격이 없음에도 인내해주시는 하나님의 은혜를 기억하며 감사해야 한다.

그런가 하면 반드시 공의가 살아나 행위대로 심판하실 주님이 계시다는 사실을 믿고 감사해야 한다. 이것이 우리의 감사 제목이 되어야 한다. 이 은혜가 우리 내면에 흘러넘치는 복이 임하기를 축복한다.

give thanks

PART 3

그럼에도,
감사하라

요나서 2장 1-10절

요나가 물고기 뱃속에서 그의 하나님 여호와께 기도하여 이르되 내가 받는 고난으로 말미암아 여호와께 불러 아뢰었더니 주께서 내게 대답하셨고 내가 스올의 뱃속에서 부르짖었더니 주께서 내 음성을 들으셨나이다 주께서 나를 깊음 속 바다 가운데에 던지셨으므로 큰 물이 나를 둘렀고 주의 파도와 큰 물결이 다 내 위에 넘쳤나이다 내가 말하기를 내가 주의 목전에서 쫓겨났을지라도 다시 주의 성전을 바라보겠다 하였나이다 물이 나를 영혼까지 둘렀사오며 깊음이 나를 에워싸고 바다 풀이 내 머리를 감쌌나이다 내가 산의 뿌리까지 내려갔사오며 땅이 그 빗장으로 나를 오래도록 막았사오나 나의 하나님 여호와여 주께서 내 생명을 구덩이에서 건지셨나이다 내 영혼이 내 속에서 피곤할 때에 내가 여호와를 생각하였더니 내 기도가 주께 이르렀사오며 주의 성전에 미쳤나이다 거짓되고 헛된 것을 숭상하는 모든 자는 자기에게 베푸신 은혜를 버렸사오나 나는 감사하는 목소리로 주께 제사를 드리며 나의 서원을 주께 갚겠나이다 구원은 여호와께 속하였나이다 하니라 여호와께서 그 물고기에게 말씀하시매 요나를 육지에 토하니라

10

내 영혼이 내 속에서 피곤할 때에 감사하라

《호르메시스, 때로는 약이 되는 독의 비밀》이라는 제목의 책이 있다. 여기에 나오는 '호르메시스'는 '독성 물질이라도 소량을 사용하면 오히려 좋은 효과를 낸다'라는 의미를 담고 있다.

예를 들어, 방사선은 굉장히 위험한 것으로 알려져 있어서 병원에서 엑스레이를 찍을 때도 얼마나 조심하는지 모른다. 요즘에는 치과에서도 엑스레이 찍는 일이 간혹 있는데, 그럴 때면 신체의 다른 곳은 노출이 되지 않도록 두꺼운 것으로 겹겹이 차단한다. 그리고 촬영을 하는 직원도 아예 밖으로 나가버린다. 밖에서 단추를 눌러서 방사선에 노출되지 않도록 조심한다. 이처럼 위험한 것이 방사선인데, 아이러니하게도 암에 걸리면 방사선 치료를 받는다. 그것도 4,5주씩 가서 방사선을 쪼인다. 왜 이렇게 위험한 일을 할까? 바로 호르메시스 효과 때문이다.

예방주사도 같은 원리다. 우리는 해마다 독감 예방주사를 맞는데, 사실 독감 예방주사는 우리 몸 안에 독감균을 넣는 것이다. 왜 이런 위험한 짓을 하는가? 바로 호르메시스 효과 때문이다.

비슷한 개념으로 '외상 후 성장'이라는 용어가 있다. 아마 '외상 후 스트레스 장애' 혹은 '트라우마'라는 말은 많이 들어보았겠지만 '외상 후 성장'이라는 용어는 생소하리라 생각한다. 외상 후 스트레스 장애는 과거에 경험했던 끔찍한 사건에 대한 기억으로 심리적으로 불안해지거나 두려워지는 것, 정상적인 생활이 어려워지는 현상을 말한다. 이처럼 과거에 받은 상처가 우리에게 많은 부작용을 가져온다. 하지만 우리가 기억해야 할 것은, 우리가 과거에 받은 상처가 부정적인 면만 있는 것이 아니라는 사실이다. '외상 후 성장'이라는 용어가 그것을 설명해준다. '외상 후 성장'은 과거에 받았던 끔찍한 아픔과 상처를 극복해가는 과정에서 오히려 예전보다 더 단단해지고 담대해지는 현상을 설명하는 용어이다.

소설가 백영옥 씨는 칼럼에서 이런 내용들을 다루었다.

"호르메시스를 잘 파악하면 스트레스가 무조건 나쁘다는 해석을 경계하게 될 것이다. 약간의 소음, 공복, 허기, 독성, 비판 등은 우리를 이롭게 한다. 더 나아가면 스트레스의 근원을 제거하는 것이 명백히 해로운 결과를 초래할 수도 있는 것이다."

우리는 스트레스가 없는 게 좋은 것이라고 생각하지만, 때로는 우리가 가진 스트레스에 이런 순기능도 있음을 기억해야 한다.

이런 차원에서 우리의 감사 지경이 좀 넓어졌으면 좋겠다. 우리는 평안한 것에 감사하고, 건강 주신 것에 감사하고, 직장생활을 잘하게 해주신 것에 감사하고, 주변에 나를 도와주는 사람을 많이 허락하신 것에 감사한다. 이런 감사도 당연히 드려야 하지만, 그렇지 않은 경우도 감사할 수 있기를 바란다. 하나님이 우리를 위해 주신 선물 같은 어려움이나 고난도 많으니까. 우리가 영적인 눈을 열어 이것을 보게 되면 감사의 지경을 훨씬 넓혀갈 수 있을 것이다.

요나의 이야기를 통해 이에 대해 좀 더 깊이 생각해보자.

요나의 호르메시스

요나서 2장에는 일생에서 가장 절망적인 상태에 처한 요나의 모습이 그려진다. 요나는 하나님께 불순종했다가 풍랑을 만난다. 그가 탄 배에서 아까운 물건들이 바다에 던져지고, 이제는 주변 사람들에 의해 요나마저 바다에 던져진다. 그리고 물고기 뱃속에 들어가는 일련의 과정을 겪게 된다. 이것이 요나에게 얼마나 절망적인 사건이었는지는 다음 구절에 표현된다.

이르되 내가 받는 고난으로 말미암아 여호와께 불러 아뢰었더니 주께서 내게 대답하셨고 내가 스올의 뱃속에서 부르짖었더니 **욘 2:2**

"스올의 뱃속"은 무엇을 의미하는가? 《성경문화배경사전》을 찾아보면, '스올'은 요나를 포함한 당시 유대인들이 가지고 있었던 우주관을 반영한다. 유대인들에게 '스올'은 죽은 사람들이 가는 처소, 죽은 영들의 거처, 또는 무덤이란 의미를 가진 표현이다.

그러니까 요나가 지금 '스올의 뱃속에 빠졌다'라는 것은 절망적인 상태, 죽은 상태와 같은 처참한 자기를 표현한 것이다. 시편 23편에 나오는 '사망의 음침한 골짜기'에 떨어져 있는 상태와 같다. 그만큼 희망이라고는 눈 씻고 찾아볼 수 없는 절망적인 상황이었다. 그러나 실상은 이 끔찍한 스올의 뱃속과 같은 고통스러운 상황이 요나를 크게 성장시켰고, 요나의 타락과 변질을 막는 하나님의 축복이었다.

세상 사람들 모두가 낙심되고 절망적이며 처참한 실패라고 말하는 일들을 경험할 때, 예수 믿는 우리는 그것을 하나님의 축복으로 인식할 수 있어야 한다. 삶의 지난날들을 돌아보면서 푸른 초장을 지날 때뿐 아니라 끔찍한 스올의 뱃속에 있던 날들도 놀라운 하나님의 축복이었다고 인식할 수 있어야 한다. 그리고 더 중요한 것은, 우리에게 의지적으로 이렇게 해야 할 사명이 있다는 것이다.

그렇다면 스올의 뱃속, 이 사망의 음침한 골짜기가 어떻게 요나에게 축복의 도구가 될 수 있었을까? 그 이유를 세 가지로 정리해보았다.

하나님을 구하다

첫째로, 요나에게 스올의 뱃속이 축복의 도구가 될 수 있었던 이유는, 바로 그 스올의 뱃속이 요나로 하여금 '하나님을 진지하게 찾게 하는 도구'가 되었기 때문이다.

사춘기 아이들이 가진 나쁜 태도 중 하나는 지도하는 부모의 말을 진지하게 듣지 않고 건성으로 듣는다는 것이다. 그렇게 하면 큰일 난다고 매번 신신당부해도 결국에는 그 일을 저지른다. 게다가 "엄마가 하지 말라고 했잖아"라고 하면, "언제 그런 말을 했냐"며 항변한다. 당부의 말을 건성으로 들어서 생긴 결과이다.

나도 우리 아이들이 사춘기를 지날 때 어이없는 경험을 한 적이 몇 번 있다. 한번은 아이가 고등부 예배에 다녀와서 은혜를 받았다고, 말씀이 너무 좋았다고 하기에 궁금해서 물어봤다.

"어떤 말씀에 그렇게 은혜를 받았니?"

아이가 큰 감동을 받았다는 대목을 설명하는데, 가만히 들어보니 내가 평소에 늘 하던 말들이었다. 아빠가 설명할 때는 건성으로 들으며 맨날 잔소리한다더니, 똑같은 내용을 다른 목사님이 말씀하시니까 자기 인생에 큰 도전이 되었다는 것이다.

사춘기 아이들은 부모의 말을 이렇게 건성으로 듣는다. 요나서 1장에 나오는 요나가 딱 이런 상태라고 생각한다.

사실, 나는 1장 1절을 보면서 요나가 너무 부러웠다.

여호와의 말씀이 요나에게 임했다는데, 나는 이것이 참 부럽다. 여호와의 말씀을 받는 것만큼 부러운 것이 어디 있겠나? 게다가 2절에서는 당시 최고 강대국이었던 앗수르 제국의 수도를 향한 하나님의 꿈을 요나를 통해 실현시키겠다는 하나님의 말씀이 선포된다. 하나님의 꿈을 자기를 통해 이루시겠다는데, 가슴 벅차게 들어야 할 말씀 아닌가? 그럼에도 불구하고 요나는 이 놀라운 하나님의 말씀을 자기 생각의 기준으로 잘라버렸다. 그의 반응을 보라.

그러나 요나가 여호와의 얼굴을 피하려고 일어나 다시스로 도망하려 하여 욥바로 내려갔더니 **욘 1:3**

여러 부교역자와 일을 하다 보면 내가 부탁한 일에 꼭 토를 달며 한마디 하는 사람이 있다. 나를 찾아와서 "왜 이 일을 해야 합니까?"라거나 "설명이 좀 더 필요합니다"라고 말하는 교역자들이 있다. 나는 이런 교역자들의 질문이 귀찮지 않다. 오히려 고맙다. 왜냐하면 질문을 던지고 이유를 캐묻는다는 것은 내 이야기를 듣고 있다는 뜻이기 때문이다. 그러니 얼마나 고마운 일인가?

주일에 1부 예배 설교를 마치면 꼭 한두 교역자에게서 메일이 온다. "목사님, 그 표현은 오해받기 쉬운 표현입니다"라거나 "그 말씀

은 2부 설교 때는 안 하시면 좋겠습니다" 등등 한 주도 그냥 넘어
가는 법이 없다. 그러면 나는 항상 고맙다고 답신을 보낸다. 그런
메일을 보낸다는 것은 그 교역자에게 나를 위하는 마음이 있고, 무
엇보다도 내 설교에 귀를 기울였다는 의미이기 때문이다.

하지만 요나는 하나님의 말씀을 건성으로 듣고 그저 피했다. 웃
기는 것은, 이렇게 하나님 말씀을 건성으로 듣던 요나가 "당신은
누구냐?"라는 질문에 대해서는 이렇게 답한다.

그가 대답하되 나는 히브리 사람이요 바다와 육지를 지으신 하늘의
하나님 여호와를 경외하는 자로라 하고 **욘 1:9**

만약 내가 하나님이었다면 엄청 괘씸했을 것 같다. 요나는 스스
로를 '하나님을 경외하는 자'라고 표현하고 있지만, 이것이 하나님
을 경외하는 사람의 태도라고 할 수 있는가? 교회 다니는 사람 중에
도 요나와 같은 사람들이 있다. 자신은 크리스천이라고, 하나님을
믿는다고, 하나님을 경외하는 사람이라고 말하지만 하나님의 말씀
에 귀를 기울이지 않는다. 사춘기 아이들처럼 하나님의 말씀을 건성
으로 듣는다. 요나도 이런 부류의 사람들이었던 것이다. 그런데 이
런 요나의 태도가 스올의 뱃속을 경험하면서 완전히 달라졌다.

요나가 물고기 뱃속에서 그의 하나님 여호와께 기도하여 이르되 내

가 받는 고난으로 말미암아 여호와께 불러 아뢰었더니 주께서 내게 대답하셨고 내가 스올의 뱃속에서 부르짖었더니 주께서 내 음성을 들으셨나이다 … 내가 말하기를 내가 주의 목전에서 쫓겨났을지라도 다시 주의 성전을 바라보겠다 하였나이다 **욘 2:1–4**

여기서 '주의 성전'은 하나님이 임재해 계시는 곳을 상징적으로 표현한 것이다. 지금까지의 요나는 하나님의 말씀을 무시하고 정반대의 길로 도망갔다. 그러던 요나의 태도가 너무나 달라졌다. 하나님을 의지하고, 하나님께 의뢰한다. 하나님께서 임재해 계시는 곳을 바라보기 원한다고 말한다. 어떻게 이렇게 달라지게 되었을까? 그의 고백을 들어보자.

내 영혼이 내 속에서 피곤할 때에 내가 여호와를 생각하였더니 **욘 2:7**

여기서 '피곤'이라는 단어는 원어로 아주 강한 의미를 가지고 있다. '오늘 일 좀 했더니 피곤하네'라는 정도의 의미가 아니라, 절망적인 상태를 말한다. 요나는 스올의 뱃속에서 자신의 영혼이 죽을 것 같은 고난을 겪었고, 그 일이 하나님을 생각하게 하는 재료가 되었다고 말한다. 그래서 요나의 고난은 하나님 앞에서 축복이 될 수 있었다.

고난은 고난대로 당하면서도 거기에서 아무런 메시지를 발견하지 못한다면, 그는 세상에서 가장 어리석은 사람이라고 할 수 있다.

우리는 때로 스올의 뱃속 같은 고난을 경험한다. 이럴 때 우리가 해야 할 일은 내게 찾아온 고난을 축복으로 바꾸는 일이다. 그리고 그것을 가능하게 하는 것이 내가 겪는 고난을 '하나님을 진지하게 찾게 하는 도구'로 승화시키는 것임을 기억해야 한다.

하나님의 주권을 깨닫다

두 번째로, 요나에게 스올의 뱃속이 축복의 도구가 될 수 있었던 이유는, 그것이 요나에게 '하나님의 주권을 자각하게 하는 도구'가 되었기 때문이다. 요나서 2장 2절에 보면 요나가 왜 이렇게 달라졌는지를 알 수 있는 말씀이 나온다.

이르되 내가 받는 고난으로 말미암아 여호와께 불러 아뢰었더니

욘 2:2

요나는 자신이 받은 고난이 하나님을 부르고 의지하게 하는 동력이 되었다고 말한다. 3절에서는 한 걸음 더 나아간다.

주께서 나를 깊음 속 바다 가운데에 던지셨으므로 욘 2:3

그는 고난을 어떻게 해석하는가? '주께서' 행하셨다고 말한다. 이

모든 일을 허락하신 하나님의 주권을 드디어 깨닫기 시작한 것이다. 9절에 가서는 급기야 이렇게 고백한다.

> 나는 감사하는 목소리로 주께 제사를 드리며 나의 서원을 주께 갚겠나이다 구원은 여호와께 속하였나이다 하니라 **욘 2:9**

여기에서 '구원'은 단순히 물고기 뱃속에서 건짐 받는 차원을 뛰어넘는 전인격적인 구원, 즉 우리의 영혼과 육신이 모두 걸려 있는 차원에서의 구원을 말한다.

우리가 사는 이 시대는 그야말로 혼란과 혼돈의 시대이다. 우리나라뿐 아니라 온 세계가 다 이상하게 흘러가고 있다. 특히 선진국이라는 미국이나 유럽을 보면 더욱 그렇다. 남편이 둘, 부인이 셋이라는 기사가 나오질 않나, 아르바이트로 동성애 파트너를 하는 아이들이 있다는 기사를 비롯해 입에 담기조차 어렵고 민망한 일들이 많이 일어나는 현실이다. 좀 과격하게 말해서 온 세상이 미쳐 날뛰고 있다.

이 모든 혼란의 근원적인 문제는 어디서 기인하고 있는가? 창조주 되시는 하나님의 주권을 인정하지 않은 데서 기인한다. 하나님의 창조 질서를 무너뜨리니까 혼란이 찾아오는 것이다. 창조주 하나님에 대한 존재를 부정해버리면, 너도 하나님이 될 수 있고 나도 하나님이 될 수 있는 혼란이 찾아오는데, 딱 지금 이 시대가 그런

혼란의 시대 아닌가?

그렇기 때문에 우리는 하나님의 존재와 그분의 주권을 회복시키는 일에 마음을 쏟아야 한다. 이 길만이 우리와 우리 가정과 이 시대가 사는 길이다. 중요한 것은 우리가 겪는 스올의 뱃속이 바로 하나님의 주권을 자각하는 도구가 될 수 있음을 자각하는 것이다.

작년에 아내에게 암이 발병했다. 처음 그 소식을 들었을 때 당황스러웠고 많은 생각이 겹쳐 찾아왔다. 혼란스러웠다. 하지만 이 혼란을 평정하는 데 그리 오랜 시간이 걸리지는 않았다. 어떻게 이런 일이 가능하게 되었을까? 바로 창조주 하나님의 섭리 아래에서 이 사건을 해석했기 때문이다. 발병 소식을 들은 지 한 달쯤 지났을 때 이런저런 얘기를 나누던 중 아내가 이런 말을 했다. 암이 발병했다는 소식을 듣고 나서 하나님의 말씀 한 구절이 계속 머릿속에 되뇌어지더란다. 암 발병 소식을 들은 아내에게 주신 하나님의 말씀, 계속 머리를 맴돌던 하나님의 메시지는 이사야서 40장 1절이었다.

> 너희의 하나님이 이르시되 너희는 위로하라 내 백성을 위로하라
>
> 사 40:1

생뚱맞지 않은가? 지금 아내가 위로를 받아야 하는 상황인데, 하나님은 계속해서 "너희는 위로하라, 내 백성을 위로하라"라는 말씀을 주신 것이다.

한 교회를 담임하고 있는 목사의 부인으로 살고 있는 아내에게 하나님은 우리 교회 안에도, 오늘의 대한민국에도 암으로 투병하는 수많은 성도가 있음을 깨닫게 하기 원하셨다. 이 사건에서 "내 백성을 위로하라"라는 하나님의 메시지를 들어야 한다고 하셨다. 그러니 이 일은 아내를 절망으로 몰고 가기보다 오히려 비장하게 만들었다. 그 일에 담긴 주님의 뜻을 알게 되었기 때문이다. 그렇게 정리가 되고 나니, 이 일로 인한 아픔이나 상처가 사라졌다.

여호와 하나님이 우리 인생의 주권자가 되신다는 게 얼마나 놀라운 일인가? 이것을 알게 되면 그 아픈 일이 사명으로 승화될 수 있다. 요나가 이 내용을 고백하는 대목이 있다.

> 나는 감사하는 목소리로 주께 제사를 드리며 나의 서원을 주께 갚겠나이다 구원은 여호와께 속하였나이다 하니라 욘 2:9

이것은 "하나님의 온전한 주권 하에 이런 일이 일어난 줄로 믿습니다"라는 의미이다. 스올의 뱃속에 갇혀 있는 이 사건을 통하여 하나님이 주시는 메시지를 발견한 요나는 이를 두 가지로 승화시킨다. 감사와 사명에 대한 자각이다. 감사로 회복이 되고, 사명에 대한 자각으로 회복이 된다.

돌이키다

세 번째로, 요나에게 스올의 뱃속이 축복의 도구가 될 수 있었던 것은, 스올의 뱃속이 '영적으로 원래의 자리로 돌아가게 하는 도구'가 되었기 때문이다.

고난이 이런 효과를 가져다주는 경우가 꽤 많다. 탕자의 비유에 나오는 둘째 아들도 마찬가지다. 그 못된 놈이 아버지의 재산을 허랑방탕하게 쓰다가 다 떨어져 나중에는 먹을 것조차 없어 돼지우리에서 쥐엄 열매를 먹는 절망을 경험한다.

가서 그 나라 백성 중 한 사람에게 붙어 사니 그가 그를 들로 보내어 돼지를 치게 하였는데 그가 돼지 먹는 쥐엄 열매로 배를 채우고자 하되 주는 자가 없는지라 이에 스스로 돌이켜 이르되 눅 15:15-17

새번역에는 마지막 부분이 "그제서야 그는 제정신이 들어서…"라고 되어 있다. 이 돼지우리는 탕자에게 '그제서야' 제정신이 들게 한 하나님의 도구였다. 이런 점에서 탕자에게 있어 돼지우리는 축복의 장소이다. 인생에서 가장 수치스럽고, 부잣집 아들의 머릿속에 트라우마로 남을 수밖에 없는 그 사건이 평생의 축복의 장소가 된 것이다. 돼지우리에서 먹던 쥐엄 열매의 끔찍한 기억이 그를 아버지의 집, 곧 제자리로 돌아가게 했으니 말이다. 그러니 우리에게 일어나는 고난을 보고 한탄만 하지 말고, 그 일이 제자리로 돌아가게 하는 도구가 된다는 사실을 인식하기를 바란다.

요한계시록 2장에 주님이 에베소교회를 꾸짖는 대목이 나온다.

그러나 너를 책망할 것이 있나니 너의 처음 사랑을 버렸느니라 그러
므로 어디서 떨어졌는지를 생각하고 회개하여 처음 행위를 가지라

계 2:4,5

에베소교회를 향해 원래의 자리로 돌아가라는 놀라운 주님의 명
령을 실현시키는 도구가 요나에게 있어서는 스올의 뱃속이요, 탕자
에게는 돼지우리였다.

초반에 인용했던 《호르메시스, 때로는 약이 되는 독의 비밀》의
소개 글에는 철학자 니체의 말이 인용되어 있다. 그중 한 대목이 많
은 생각을 하게 했다.

"우리를 죽이지 못하는 것은 우리를 강하게 만든다."

그 문구를 보다가 요나가 생각났다. 하나님이 요나를 스올의 뱃
속으로 인도하신 것은 요나를 죽이시려 함이 아니었다. 그렇기 때
문에 스올의 뱃속이 요나를 죽이지 못했다. 그리고 '죽이지 못하는
것은 우리를 강하게 만든다'는 문구처럼 그 고난의 스올의 뱃속이
요나를 강하게 만들었다.

살아가다 보면 원치 않는 병을 얻게 되기도 하고, 억장이 무너지
는 일을 만나기도 한다. 우리의 삶을, 교회를 흔드는 일들에 분노

하기도 하고, 상처를 받을 때도 있지만, 이 한 마디로 다 정리되는 것 같다.

'우리는 이런 일들로 망하지 않는다. 누가 나를 죽일 수 있는가? 누가 나를 망하게 하는가? 내가 나를 망하게 하지 않는 한 우리를 망하게 할 수 있는 사람은 아무도 없다.'

그러니 누가 우리를 괴롭게 하더라도 너무 미워하지 말자. 그 사람은 우리를 죽일 수 없고, 죽일 수 없는 그 사람으로 인해 우리는 강해질 것이다. 하나님이 주권자가 되시는 사람에게는 이런 은혜가 있다.

> 고난 당한 것이 내게 유익이라 이로 말미암아 내가 주의 율례들을 배우게 되었나이다 시 119:71

우리의 감사의 지경이 여기까지 넓어지면 좋겠다. 오늘도 우리에게 일할 수 있는 터전을 주신 것에 감사하고 건강을 주신 것도 감사하지만, 아내가 암을 얻게 된 것에도 감사할 수 있다면 감사의 지경이 넓어지지 않겠는가? 때로 모함을 당하고, 때로는 목회에 회의가 오는 일들을 만날지라도 그 일들이 재료가 되어 내가 더 강하게 설 수 있어 하나님께 감사하게 된다면, 이 또한 감사의 지경이 넓어지는 것 아닌가?

우리는 감사의 지경이 넓어지도록 기도해야 한다. 더 중요한 것

은 그것을 가능하게 하시는 주권자 하나님을 더욱 의지하는 것이
다. 그리고 그분의 사랑의 결정체인 십자가를 더 많이 묵상하는 것
이다.

이런 의미에서 나는 성경 읽기를 권한다. 특히 주님의 행적을 담
고 있는 사복음서를 많이 읽으면 좋겠다. 그리고 감사노트를 써보
길 권한다. 감사노트를 쓰면서 감사의 지경을 넓혀보라. 지금까지
는 눈에 보이는 감사만 썼다면, 이제는 스올의 뱃속을 감사로 만들
어 써보라.

'이런저런 아픔이 있었지만, 그래서 감사합니다.'

'이런 고난이 내게 유익이 될 거라고 믿고 감사합니다.'

한 성도가 감사노트와 관련한 간증을 보내주었다. 간증 일부를
소개하면 이렇다.

개인적으로 지난 1월, 건강에 이상 소견이 발견되어 마음이 참 어렵
던 시간이었습니다. 이런 상황에서 현재의 어려움을 이겨내기 위해서
는 내 안의 영적 체질을 온전히 변화시켜야겠다는 생각을 하던 중,
목사님께서 드라마바이블(성경듣기)과 감사노트 작성에 대해 말씀
하셨습니다. 그 후 '드라마바이블 200일' 한 사이클을 마치고 두 번
째 다시 듣기 시작했고, 감사노트는 3권째 작성 중입니다.

감사노트 작성 후 참 신기한 일들이 많아졌습니다. 예전의 저라면 힘
든 일을 겪게 되면 울기부터 하고 우울감에 빠져 무기력하게 지냈을

텐데, 아무리 힘든 상황이어도 그 가운데 감사하는 습관을 갖게 된 것입니다.

건강에 이상이 발견되는 어려운 일을 만났지만, 그 일을 계기로 영적 체질 개선에 도전하게 되었고, 그 결과 말씀과 감사를 삶의 습관으로 삼게 되었다. '스올의 뱃속'이 감사의 지경을 넓히는 축복의 도구가 된 것이다. 그러면서 어려움을 겪고 있는 친구에게도 감사 노트를 권해 그 친구 역시 큰 회복을 겪게 된 일과(이 내용은 프롤로그에서 소개했다) 자기 삶에서 일어난 신앙생활의 우선순위 변화에 대한 이야기를 이어갔다. 그 내용은 이렇다.

말씀과 감사 고백을 삶 가운데 습관으로 삼게 된 후 기도할 때의 제 모습 중 변화된 부분이 있습니다. 일단 속상한 일이 있으면 기도실이나 조용한 곳에서 혼자 기도를 합니다. 그리고 주님 앞에서 울며 모든 속상함을 토로합니다. 여기까지는 예전과 같았는데, 요즘은 저의 마음을 고백한 이후, 주님이 말씀하시는 것이 무엇인지 들으려고 하는 습관이 생겼습니다.
얼마 전 직장에서 어떤 사람이 편법으로 업무 진행을 강요하는 바람에 그것을 받아들일 수 없었던 저는 너무 화가 났습니다. 게다가 그 사람이 '자기는 크리스천'이라고 자랑하며 다니는 사람이라 더 화가 났던 것 같습니다. 근무를 마치고, 기도실로 달려가서 그날 있었던 모든 울분과 그 사람에 대한 원망을 주님께 울며 토하기 시작했습니다.

30분 정도 울며 기도하고 나니, 마음 가운데 평온함이 밀려왔고 제 안에 말씀 한 구절이 떠올랐습니다. 바로 성경책을 펴서 읽기 시작했는데, 그 말씀은 시편 37편이었습니다. 첫 구절부터 주님께 아무 말도 할 수 없었습니다.

"악을 행하는 자들 때문에 불평하지 말며 불의를 행하는 자들을 시기하지 말지어다…", "분을 그치고 노를 버리며 불평하지 말라 오히려 악을 만들 뿐이라…."

악인을 심판하시는 분은 주님이심을 말씀으로 직접 가르쳐주셔서 아무 말도 못 하고 "네, 주님이 주신 말씀에 순종하겠습니다"라고 고백하며 기도 시간을 마무리했습니다. 그 기도 후, 신기하게도 같은 상황을 마주했을 때 화가 나지 않는 것입니다. 나도 내 마음을 스스로 바꿀 수 없는데, 성령님의 도움으로 제 자신이 조절되는 것이 정말 신기하고 감사했습니다.

참 감동적이지 않은가? 이 간증의 글이 내게 큰 힘이 되고 위로가 되었다. 그리고 더 많은 성도들이 감사노트 작성을 시작하도록 도와야겠다는 생각이 들었다. 그것이 이 책을 내기로 결심한 이유이기도 하다.

얼마 전에 들으며 은혜를 받은 찬양이 있다. '이제야 돌아봅니다'

라는 찬양인데, 가사를 듣고 한참 깊은 생각에 빠졌다.

　　내 삶이 먼저였는지 주님이 먼저였는지

　　이제야 내 뒤를 돌아봅니다

　　내 욕심만을 채우려

　　주 십자가의 보혈을 잊고 살았는지

　　헛되고 헛된 자랑에 주의 영광 가렸는지

　　이제야 내 뒤를 돌아봅니다

　　나의 교만과 욕심이

　　찬란한 주의 영광을 가리고 살았는지

　　이제야 주의 탄식 소리 들리고

　　이제야 주 얼굴의 눈물 보이니

　　어리석고 어리석은 죄인을

　　주여 용서하여 주소서

　　진선미 작사 작곡

　　이 가사를 묵상하며 우리가 다 우리의 지나온 시간을 돌아보고
감사의 지경을 넓혀가기로 다짐하고 결단하게 되기를 바란다.

신명기 8장 1-6절

내가 오늘 명하는 모든 명령을 너희는 지켜 행하라 그리하면 너희가 살고 번성하고 여호와께서 너희의 조상들에게 맹세하신 땅에 들어가서 그것을 차지하리라 네 하나님 여호와께서 이 사십 년 동안에 네게 광야 길을 걷게 하신 것을 기억하라 이는 너를 낮추시며 너를 시험하사 네 마음이 어떠한지 그 명령을 지키는지 지키지 않는지 알려 하심이라 너를 낮추시며 너를 주리게 하시며 또 너도 알지 못하며 네 조상들도 알지 못하던 만나를 네게 먹이신 것은 사람이 떡으로만 사는 것이 아니요 여호와의 입에서 나오는 모든 말씀으로 사는 줄을 네가 알게 하려 하심이니라 이 사십 년 동안에 네 의복이 해어지지 아니하였고 네 발이 부르트지 아니하였느니라 너는 사람이 그 아들을 징계함같이 네 하나님 여호와께서 너를 징계하시는 줄 마음에 생각하고 네 하나님 여호와의 명령을 지켜 그의 길을 따라가며 그를 경외할지니라

11

광야에서 감사하라

목회를 하다 보면 날마다 이런 소식, 저런 소식을 만나게 된다. '가지 많은 나무에 바람 잘 날 없다'라는 말처럼 하루가 멀다 하고 아프고 눈물 나는 이야기를 전해 듣기도 한다.

이런 삶을 살아가는 문득문득, 머릿속에 떠오르는 성경 구절이 있다.

우리의 연수가 칠십이요 강건하면 팔십이라도 그 연수의 자랑은 수고와 슬픔뿐이요 신속히 가니 우리가 날아가나이다 시 90:10

《쉬운 성경》은 이 구절을 이렇게 번역한다.

"우리의 수명은 칠십 년, 힘이 있으면 팔십 년이지만, 인생은 고

생과 슬픔으로 가득 차 있습니다. 날아가듯 인생은 빨리 지나갑니다."

목회를 하다 보면, 여기 나오는 "인생은 고생과 슬픔으로 가득 차 있습니다"라는 말씀이 얼마나 절실히 와 닿는지 모른다. 목회 연수가 더해 갈수록 마음에 인생에 대한 연민이 가득 차오르는 것을 느낀다. 부요한 자들은 부한 대로 어려움이 있고, 경제적으로 어려운 사람은 그 경제적인 어려움 때문에 갖게 되는 아픔이 있다. 건강이 상한 이들은 말할 것도 없고, 건강한 사람이라고 마냥 행복한 것 같지도 않다. 더군다나 한치 앞을 알 수 없는 것이 인생 아닌가?

이런 맥락에서 나는 순탄하게 일이 잘 풀려서 감사하는 이들에게는 함께 기뻐하며 감사하는 목회자가 되기 원하고, 그런가 하면 아픈 소식들을 가지고 기도를 부탁하는 사람들의 눈물을 외면하지 않는 목회자가 되기 원한다. 그리고 하나님께 기도한다.

'하나님, 이렇게 터널을 지나가고 광야를 지나가는 분들에게 하나님의 은혜가 임하기를 원합니다.'

아마도 본문을 기록한 모세가 이런 심정을 가지고 있지 않았을까 생각해본다. 신명기는 광야를 배경으로 한다. 모세가 광야 생활 중에 있는 출애굽 2세대들을 향해 하나님의 말씀을 다시 잘 해석해서 설교한 것을 모아놓은 것이 신명기다. 그중에서 신명기 8장은 고난의 광야가 왜 필요했는지, 이곳에서는 무얼 생각하고 묵상해야 하는지, 어떻게 이 고난의 광야를 지나가야 하는 지에 대한 내용을 담고 있다.

광야의 길을 지나가던 당시 이스라엘 백성은 상상할 수 없는 아픔과 연단과 고난의 과정을 겪었다. 그들이 겪은 광야 생활이라는 것은 수시로 위험이 존재하는 곳, 뱀과 전갈이 언제 튀어나올지 모르는 곳, 밤에 자려고 누우면 저 멀리서 사나운 들짐승 소리가 위협적으로 들리는 곳이었다. 그럼에도 방패로 삼을 만한 것조차 없는 곳이 광야 아닌가. 낮에는 타는 목마름과 무더위로 견딜 수가 없고, 밤에는 갑자기 뚝 떨어지는 기온으로 견디기 어려운 추위와 싸워야 하는 곳이 광야이다.

이런 삶을 무려 40년 동안 감당하고 있는 그들에게 모세는 지도자로서 한 가지 사실을 상기시킨다.

네 하나님 여호와께서 이 사십 년 동안에 네게 광야 길을 걷게 하신 것을 기억하라 신 8:2

이게 얼마나 중요한 메시지인지 모른다. 오늘 우리가 겪는 아픔, 눈물 나는 어떤 일들 모두 하나님이 우리에게 허락하신 일이라는 의미이다.

광야의 이유, 징계와 훈련

하나님은 왜 이스라엘 백성을 고난의 광야 길로 내모시는가? 여기에는 동전의 양면과 같은 두 가지 이유가 있다.

하나는 그들이 광야 길에서 죽을 고생을 하는 것에 '징계적 측면'
이 있다는 것이다.

그들은 지금 하나님을 향한 불신앙으로 인해 징계를 받고 있는
것이다.

너는 사람이 그 아들을 징계함같이 네 하나님 여호와께서 너를 징계
하시는 줄 마음에 생각하고 신 8:5

광야는 아담의 범죄 이후에 생겨난 것이다. 에덴동산에는 광야가
없었다. 로마서 8장에도 인간의 범죄함으로 말미암아 인간뿐 아니
라 모든 사물이 다 고통 가운데 있다고 말한다. 그렇기에 오늘 우
리가 어려움을 당하거나 광야를 지나고 있다면 하나님 앞에서 어떤
문제로 징계를 받을 수밖에 없는지 돌아보고 점검해야 한다.

또한 광야에는 '훈련적 측면'이 있다.

신명기 8장 5절에 나오는 "징계함같이"에서 '징계하다'라는 단어
는 원어로 '훈련하다, 잘못을 깨닫게 하다, 강력히 충고하다'라는
뜻을 가진 '야샤르'이다. 그러니까 하나님이 우리를 광야로 내모시
는 것은 우리가 과거에 범한 죄로 인해 분노하셔서 '거기서 망해버려
라!'라고 하시는 것이 아니다. 하나님에 대한 불신앙으로 내가 내
인생을 영위해보겠다면서 자신의 주먹을 신뢰하며 나아간다면 하

나님은 그런 우리를 치고 꺾으셔서 광야로 내몰아 눈물 없이는 거닐 수 없는 연단의 과정을 거치게 하신다.

하지만 거기서 우리를 망하게 하시려는 것이 아니라, '야샤르'(교육하다, 훈련하다, 깨닫게 하다) 하셔서 잘못을 깨닫고 돌이키게 하시려는 것이다. 하나님이 우리에게 주시는 이 시험은 우리를 망하게 하려는 것이 아니다. 사탄이 우리에게 주는 시험은 'temptation'(유혹, 시련)으로, 우리를 망하게 하려는 것이다. 그러나 하나님이 주시는 광야의 과정은 비록 우리가 잘못하여 받게 된 것이라 할지라도 우리를 망하게 하는 것이 아니라 우리로 더 적합한 하나님의 백성이 되게 하기 위함이다.

> 너를 낮추시며 너를 주리게 하시며 또 너도 알지 못하며 네 조상들도 알지 못하던 만나를 네게 먹이신 것은 사람이 떡으로만 사는 것이 아니요 여호와의 입에서 나오는 모든 말씀으로 사는 줄을 네가 알게 하려 하심이니라 신 8:3

여기에서 "너를 낮추시며 너를 주리게 하시며 또 너도 알지 못하며 네 조상들도 알지 못하던 만나를 네게 먹이신 것은"이라고 하신 후에 "사람이 떡으로만 사는 것이 아니요 여호와의 입에서 나오는 모든 말씀으로 사는 줄을 네가 알게 하려 하심이니라"라고 했다. 우리가 살아가면서 피할 수 없는 게 인생길의 고난이고 연단이고 광야라면 그 많은 고난을 겪으면서도 이 중요한 교훈을 얻지 못해 헛고생하는 무지한 인생이 되지 않기를 바란다. 하나님의 이 깊은 뜻을 깨닫고 발견하는 순간, 광야는 더 이상 고통이 아니다.

나도 이 사실을 잘 몰랐었기에 젊은 시절에는 내가 당해야 했던 고난을 잘 수용하지 못했다. 그러다 보니 하나님을 원망하는 일이 많았다. 겪어야 했던 고난이 많이 혼란스러웠다. 그래서 하나님께 따지며 삿대질을 해댄 적이 많았다. 이민 초기에는 나를 이 지경으로 몰고 가시는 하나님께 상처 받아서 앞으로는 하나님께 '님' 자를 안 붙이겠다며 상상할 수도 없는 못된 말을 퍼붓기도 했다. 그때는 마음에 억하심정이 많고 울분이 차 있었다. 하나님에 대해서도 분노가 가득했고, 성경도 믿어지지가 않았다. 지금 와서 돌아보면 얼마나 부끄러운지 모른다. 하나님께서 나를 얼마나 큰 인내로 기다려주셨는지, 상상할 수 없는 하나님의 은혜이다.

네 하나님 여호와께서 이 사십 년 동안에 네게 광야 길을 걷게 하신 것을 기억하라 신 8:2

오늘 우리가 하나님을 신뢰하지 못함으로, 내 주먹을 너무 의지함으로 하나님의 징계 가운데 있다면, 이 광야에서 우리가 기억하고 생각해야 할 핵심은 이것이다. '이것에서 무슨 교훈을 얻어 하나님 앞에 다시 순전한 하나님의 사람으로 설 것인가? 어떻게 성숙해질 것인가?'라는 질문을 끊임없이 던지며 자신을 돌아보는 것이다.

고난 없는 인생 없다

그러고 보면 하나님의 사람들은 예외 없이 고난의 광야를 통과한다. 이 세상에서 광야 길이 없는 인생이란 존재하지 않는다. 예수님이 공생애를 시작하실 때 첫 번째 관문으로 세례를 받으셨다. 그러고는 광야에서 마귀의 시험을 받으셨다.

그런데 그 과정을 담고 있는 마가복음 1장 12절에 보니까 "성령이 곧 예수를 광야로 몰아내신지라"라는 표현을 사용했다. "몰아내신지라"라는 것은 굉장히 격한 표현 아닌가? 예수 그리스도께서 공적 생애를 시작하시기 전, 즉 하나님의 아들로서의 사역을 시작하시기 전에 거쳐야 하는 코스가 '광야'였다. 거기서 40일 동안 세 차례에 걸친 끔찍한 사탄의 시험을 통과하는 과정을 본으로 보여주심으로 오늘 우리에게도 교훈을 주셨다.

엘리야도 마찬가지이다. 엘리야는 열왕기상 17장 1절에서 주인공답게 멋지게 선포한다.

길르앗에 우거하는 자 중에 디셉 사람 엘리야가 아합에게 말하되 내가 섬기는 이스라엘의 하나님 여호와께서 살아 계심을 두고 맹세하노니 내 말이 없으면 수년 동안 비도 이슬도 있지 아니하리라 하니라
왕상 17:1

드디어 엘리야가 악한 독재자 아합 왕에게 도전장을 던지며 역사의 전면에 나섰다. 영화로 치면 클라이맥스에 도달한 것이다. 그런데 그렇게 멋지게 선포한 직후에 하나님은 엘리야를 광야로 내모셨다.

여호와의 말씀이 엘리야에게 임하여 이르시되 너는 여기서 떠나 동쪽으로 가서 요단 앞 그릿 시냇가에 숨고 그 시냇물을 마시라 내가 까마귀들에게 명령하여 거기서 너를 먹이게 하리라 **왕상 17:2-4**

엘리야의 체면이 어떻게 되었을까? 멋지게 역사의 전면에 나서서 독재자에게 전쟁을 선포하며 "내가 너에게 정면으로 도전장을 던진다!"라고 했는데, 이런 멋진 선포 직후에 사라져버렸으니 완전히 허풍쟁이처럼 큰소리를 쳐놓고는 도망가 숨어버린 격이 된 것이다.

이처럼 하나님께서는 엘리야가 역사의 전면에 나서서 악한 독재자 아합 왕과 일전을 펼치기 전에 그를 상상할 수 없는 광야로 내모셨다. 그러고는 까마귀 먹이로 연명하는 초라한 상황을 겪게 하셨다. 나중에는 시냇물까지 말라버려서 먹을 게 없어서 한 움큼 가루를 가지고 아들과 나누어 먹고 인생을 끝내려던 한 가난한 과부의 집에 얹혀사는 일을 겪게 하셨다.

이런 영웅의 모습을 상상할 수 있는가? 정말 수치스러운 상황 아닌가? 우리는 이런 엘리야의 모습을 통해 배워야 한다. 하나님의 사람은 자기가 가진 자존심, 체면, 인간이 가진 모든 것을 다 잃고 납작 엎드려 수치를 경험하는 과정을 거친다.

혹 지금 이런 연단의 과정 가운데 있는가? 그렇다면, 이제 지극히 정상적인 코스에 접어들었다고 생각하면 된다. 모세를 보라. 그는 화려한 왕궁에서 왕실 수업을 받았지만, 정작 모세를 모세답게 만든 것은 40년 동안 겪었던 광야에서의 연단 과정이다.

나는 단언한다. 나를 나 되게 만든 것은 이십 대 초반에 시카고 광야에서 눈물 젖은 빵을 먹던 연단의 기간이었노라고. 겪을 당시에는 힘들어 눈물을 삼키는 일이 많았지만, 지금은 내가 겪은 그 과정이 영적인 지도자로서 반드시 거쳐야 하는 필수 과정이었음을 고백하게 된다.

그런 고난의 과정 없이 바로 신학교를 졸업해 목사가 되었다면 얼마나 미숙한 지도자가 되었을까 생각하면 그 고난의 기간이 감사로 바뀌게 된다. 하나님은 부족하고 미숙한 점이 많은 나를 다듬어주시려고 나를 시카고의 밑바닥으로 던지셨다. 밑바닥에 떨어져서는 수모를 당하는 일들을 겪어야 했다. 영하 20-30도의 날씨에 유태인 가게에서 주변에 쌓인 눈을 치우고, 변기를 청소하고, 쓰레기를 비우는 일을 했다. 그 일을 그만둔 후에는 밤 11시부터 아침 7시까지 주유소에서 일하며 밤을 꼬박 새우고는 바로 학교로 달려가야 했다. 밤새 일하고 학교에 가면 오전 내내 졸았다. 정말 모든 자존심이 다 짓밟히는 시간들이었다. 겪을 때는 그 모든 것이 수치이고 부끄러움이었지만, 오랜 세월이 지난 지금 그때를 돌이켜보면 모든 것이 하나님의 은혜이고 놀라운 섭리였다. 이것이 우리가 겪는 광야의 의미이다. 하나님의 섭리 안에서는 모든 것이 합력해서 선을 이룬다. 광야 길을 걷는 가운데 하나님과의 관계가 회복되고, 하나님이 원하시는 교훈을 얻게 된다.

그렇기에 우리가 형통하고, 일이 잘 풀리고, 사업이 승승장구하고, 건강하게 지내는 것들에 대해서만 감사하는 것이 아니라 내 인생길에 간혹 찾아오는 광야의 길, 고통의 길, 눈물 없이는 회상할 수 없는 아픔 속에서도, 쓰레기통에서 장미꽃을 피워내는 것처럼 감사 제목을 뽑아내야 한다.

그런 의미에서 신명기 8장을 통해 우리가 고난의 광야 속에서도 어떻게 감사할 수 있는지, 왜 감사해야 하는지를 몇 가지로 정리해 보았다.

단절의 광야에서 하나님과 소통하다

우리가 광야에서도 감사할 수 있는 첫 번째 이유는, 광야가 '하나님과 소통의 기회'를 제공하기 때문이다.

사실 광야의 특징은 단절이다. 고독이다. 외로움이다. 나는 인생에서 만난 몇 번의 광야 길을 걸으며 이것을 알게 되었다. 이민 생활 초기가 그렇게 힘들고 어려웠던 이유는, 막노동으로 몸이 힘든 것도 있지만, 아무도 내 마음을 알아주지 않는다는 단절의 아픔이 더

컸다. 그리고 미국이라는 낯선 나라에서의 삶이 가져다주는 문화적 괴리감도 큰 고통이었다.

그 이후에 한국으로 되돌아와서 신학교 기숙사 생활을 할 때는 또 다른 차원의 고통을 겪어야 했다. 가족이 다 미국에 거주하는 상황에서 홀로 지내야 했던 신학생 시절은 인간적인 외로움으로 몰고 갔다. 주말이면 기숙사에 살던 동기 신학생들이 다 집으로 돌아가고 나는 텅 빈 기숙사를 지켜야 했다. 방학에는 그 고독한 기숙사에 혼자 남아 석 달 동안 외로움과 싸워야 했다.

얼마나 외로웠는지 모른다. 사당동 총신대학교에서 언덕을 넘어가면 숭실대학교가 나오는데, 외롭고 갈 곳도 없어서 아침에 가방을 메고 그 언덕을 넘어 사람 많은 숭실대학교에 가곤 했다. 그 언덕길은 사람이 잘 안 다니고 자동차 소음도 컸다. 그래서 그 길을 지나갈 때는 마음껏 소리를 질렀다.

"하나님, 외로워요! 사람 좀 만나게 해주세요!"

너무 설교가 하고 싶은데 임지를 찾지 못하던 시절에는 그 언덕을 넘어가면서 이렇게 외친 적도 있다.

"사랑하는 돌들 여러분! 들풀 여러분에게 주님 이름으로 말씀을 전합니다."

그 모습을 상상해보라. 얼마나 처량하고 초라한 모습인가? 그런데 그 고독하고 외롭고 어려웠던 시절을 돌아보면 그때만큼 하나님과 아름다운 소통을 나눈 적도 없는 것 같다. 붙들고 하소연을 할 만한 사람도 없어서 하나님께 하소연했다.

앞도 막히고 옆도 막히고 뒤도 막혔기 때문에 할 수 없이 올려다본 것이 하늘이었다. 모든 것이 단절되었던 그때 하나님과의 교통이 시작되었다. 목사의 아들이었지만 한 번도 영적인 교통이 뭔지, 하나님과의 교제가 뭔지 모르고 살던 내가 하나님과 인격적인 만남을 가질 수 있었던 시점이 바로 그 고독한 광야를 지날 때였다.

고독한 인생길을 걷고 있는가? 외로운가? 그렇다면 지금이 하나님과 소통할 때이다. 하나님이 기다리고 계신다.

'나랑 대화하자. 나랑 대화하자.'

가슴이 터질 것같이 외로운데 옆에 아무도 없던 신학생 시절에 나는 텅 빈 방에 들어가 하나님 앞에서 그냥 울었다. 기도를 통해 하나님 앞으로 나아가면 하나님께서 외로움을 물리쳐주시는 정도가 아니라 너무나 벅찬 기쁨을 회복시켜주시는 것을 여러 번 경험했다. 이런 영적인 교통은 고독한 광야에서만 경험할 수 있다.

결핍의 광야에서 특별 공급을 경험하다

광야에서 감사해야 하는 두 번째 이유는, 광야에서만 얻을 수 있는 하나님의 '특별한 공급'이 있기 때문이다.

> 너를 낮추시며 너를 주리게 하시며 또 너도 알지 못하며 네 조상들도 알지 못하던 만나를 네게 먹이신 것은 신 8:3

3절은 고난의 광야를 세 가지로 특징짓는다. 먼저, 우리를 낮추신다고 했다. 고난은 자존심이 상하는 곳이다. 그래서 결국에는 내 자존심이 다 꺾여 납작 엎드려지는 곳이다. 그다음에, 우리를 주리게 하신다고 했다. 광야는 결핍의 상징이다. 미국에서 경제적으로 가장 어려웠던 시절에는 내 통장에 딱 20불이 남기도 했다. 나는 그때를 잊지 못한다. 직장은 여전히 구해지지 않았고, 3일 만에 쫓겨나기도 했다. 그때 20불을 손에 들고 마음이 쓰라렸던 기억이 내게 있기 때문에 오늘도 경제적으로 어려움을 겪는 성도들을 보면 마음이 아프다. 그것이 얼마나 낙심되는 일인지 잘 알기 때문이다.

그런데 광야의 특징은 여기서 끝이 아니다. '또'라는 말로 소개하는 한 가지 특징이 더 있다.

"또 너도 알지 못하며 네 조상들도 알지 못하던 만나를 네게 먹이신 것은."

광야는 비참하게 고꾸라지고 낮아지고 결핍으로 가슴 저리는 아픔만 있는 곳이 아니다. 광야는 하나님의 특별한 영적 공급인 만나를 경험하는 장소이다. 광야는 하나님의 초월성을 배우는 곳이다.

요셉이 다른 죄목도 아닌 강간미수범이라는 억울한 누명을 쓰고 감옥에 갇혔을 때, 누구라도 절망에 빠져 좌절할 수밖에 없는 그 상황에서 성경은 요셉을 '형통한 사람'이라고 말한다. 그리고 신기하게도 감옥 안에 갇힌 요셉에게는 상처의 흔적이 없다. 이 말씀을 묵상하다 깨달은 것은 요셉에게 "너도 알지 못하며 네 조상들도 알지 못하던" 은혜, 바로 하나님과 유무상통하는 은혜가 공급되었기 때문이라는 것이다. 감옥에서 그를 어루만지고 위로하여주시고, 사람들에게 조롱과 수치를 당할 때마다 하나님이 주시는 특별한 영적 공급이 있었기 때문에 요셉에게는 상처가 없었다.

오늘날 교회 안에 상처가 난무하는 이유가 무엇일까? 하나님의 특별한 공급을 경험하지 못하기 때문이다. 그러면 너무 억울하지 않은가? 광야의 세 가지 특징 중에 낮추시고 주리게 하시는 결핍만 경험하고 하나님의 신령한 은혜는 경험하지 못한다면 얼마나 억울한 일인가? 기왕에 고난의 길, 광야의 길을 걷고 있다면, 낮춰지는 아픔과 주리는 결핍의 아픔을 경험할 뿐 아니라 나도 알지 못했고 예상하지 못했던 하나님의 영적인 신령한 은혜의 공급을 경험할 수 있기를 바란다.

광야는 하나님의 초월성을 경험하는 곳이다.

"나는 막장 인생이야. 막다른 골목뿐이야."

이렇게 생각했던 우리의 한계를 뛰어넘어 하나님이 그 손으로 건져내시는, 하나님의 초월성을 누리게 되길 바란다. 이제 이렇게 말해보자.

이 사십 년 동안에 네 의복이 해어지지 아니하였고 네 발이 부르트지 아니하였느니라 신 8:4

분명히 결핍이었는데, 분명히 곤고였는데 되돌아보니 희한하게도 하나님의 은혜를 경험하는 신비. 시작할 때는 서럽고 고독해서 눈물이 났는데 마무리할 때는 하나님이 주시는 신령한 은혜 때문에 눈물이 나는 그 신비한 은혜. 이 은혜가 있기를 바란다.

광야에서 하나님만 의지하다

광야에서 감사할 수 있는 세 번째 이유는, 온전히 '하나님만 의지하는 태도'를 배울 수 있기 때문이다.

> 너를 낮추시며 너를 주리게 하시며 또 너도 알지 못하며 네 조상들도 알지 못하던 만나를 네게 먹이신 것은 사람이 떡으로만 사는 것이 아니요 여호와의 입에서 나오는 모든 말씀으로 사는 줄을 네가 알게 하려 하심이니라 신 8:3

광야는 징계의 측면이 있다고 했는데, 만약에 온전히 하나님을 의지하지 못함으로 광야를 만나게 되었다면, 고난이라는 비싼 학비를 치르며 반드시 배워야 하는 것이 있다. 바로 온전히 하나님을 의지하고 하나님의 방식으로 살아가는 것이다. 고생은 고생대로 하면서, 거기서 하나님께서 주시는 교훈을 얻을 수 없다면 이것만큼 억울한 일이 어디 있겠는가? 그러므로 우리는 광야에서 간구해야 한다.

"하나님, 우리가 떡으로 살아가는 인생이 아니라 하나님을 의지하며 사는 인생이 되게 하여 주시옵소서."

절망의 광야에서 회복을 소망하다

또한 우리가 광야에서 감사할 수 있는 이유는, '다시 회복시켜주실' 하나님을 향한 믿음이 있기 때문이다.

네 하나님 여호와께서 너를 아름다운 땅에 이르게 하시나니 신 8:7

비록 이스라엘 백성이 지금 자신의 범죄함으로 광야에서 고난을 당하고 있지만, 그들의 목표는 광야에서 잘 지내는 것이 아니다. 그들의 목표 지점은 젖과 꿀이 흐르는 가나안 땅이다. 우리도 마찬가지이다. 내가 시카고에서 수모를 당하고 쓰레기통을 뒤질 때 지금과 같은 중요한 사역을 맡겨주실지 몰랐다. 전혀 몰랐다. 그랬기에 원망과 불평이 컸던 것이다. 그래서 나는 당부한다. 고난의 광야를 지날 때는 영안을 열고 꿈을 꾸게 하시는 하나님의 은혜로 미리 회복을 향한 꿈을 꾸는 것이다. 그 꿈을 꾸며 미리 감사를 되뇌는 것이다.

'하나님, 저 이대로 망하지 않죠? 이대로 무너지지 않죠? 다시 일으켜 세워주실 거죠? 하나님의 방식을 배우고 나면 내가 깨닫지 못하는 아름다운 은혜의 길로 이끌어주실 거죠?'

자기 인생에 이런 기대감을 갖게 되는 것, 이것이 광야를 지나는 우리에게 주시는 하나님의 큰 복이다. 이런 기대감을 갖고 있어야 광야를 견딜 수 있다.

인간은 누구나 광야를 만난다. 예외가 없다. 그러니 다시 강조하지만, 피할 수 없는 것이라면 즐겨야 한다. 기왕에 고난의 광야를 피할 수 없다면 그것을 내 삶의 유익으로 승화시켜야 한다. 고독한 광야를 하나님과의 소통의 기회로 만들어야 한다. 결핍이 많은 광야에서 하나님께서 주시는 특별한 공급을 맛보아야 한다. 그리고 그 과정에서 하나님만 온전히 의지하는 태도를 훈련해야 한다. 더불어서 이 모든 것을 가능하게 하는, 반드시 회복시켜주실 하나님의 은혜와 능력을 향한 믿음을 가져야 한다.

그리고 마지막으로 한 가지, 감사한 일에만 감사하는 얄팍한 감사에 머물지 않고, 고난의 광야에서도 감사할 수 있기를 바란다. 쓰레기통에서 장미꽃을 피우듯 광야에서도 감사거리를 찾아낼 줄 아는 우리가 되길 바란다. 뿐만 아니라 나보다 더 어려운 이웃에게 고개를 돌릴 수 있기를 바란다. 눈물짓고 있는 이웃은 없는지, 고독한 사람은 없는지 돌아보며 그 손을 잡아줄 수 있기를 바란다. 이것이 깊이 있는 진정한 감사가 아니겠는가?

에베소서 5장 3-7절

음행과 온갖 더러운 것과 탐욕은 너희 중에서 그 이름조차도 부르지 말라 이는 성도에
게 마땅한 바나라 누추함과 어리석은 말이나 희롱의 말이 마땅치 아니하니 오히려 감사
하는 말을 하라 너희도 정녕 이것을 알거니와 음행하는 자나 더러운 자나 탐하는 자 곧
우상숭배자는 다 그리스도와 하나님의 나라에서 기업을 얻지 못하리니 누구든지 헛된
말로 너희를 속이지 못하게 하라 이로 말미암아 하나님의 진노가 불순종의 아들들에게
임하나니 그러므로 그들과 함께하는 자가 되지 말라

12

오히려 감사하는 말을 하라

창세기 11장에 보면 사람들이 모처럼 한마음이 되어 대동단결해서 한 방향을 향해 나가는 모습이 그려진다. 바로 바벨탑 사건이다.

온 땅의 언어가 하나요 말이 하나였더라 이에 그들이 동방으로 옮기다가 시날 평지를 만나 거기 거류하며 서로 말하되 자, 벽돌을 만들어 견고히 굽자 하고 이에 벽돌로 돌을 대신하며 역청으로 진흙을 대신하고 또 말하되 자, 성읍과 탑을 건설하여 그 탑 꼭대기를 하늘에 닿게 하여 우리 이름을 내고 온 지면에 흩어짐을 면하자 하였더니

창 11:1-4

얼마나 단합이 잘되는 모습인가? 그런데 불행하게도 하나님께서

는 저들이 이렇게 단합해서 시도하고 있는 그 행위를 싫어하셨다.

여호와께서 거기서 그들을 온 지면에 흩으셨으므로 그들이 그 도시를 건설하기를 그쳤더라 창 11:8

하나님은 바벨탑 쌓는 것을 싫어하셨다. 그들의 동기에 문제가 있었기 때문이다. 노아의 홍수를 경험한 그들은 이런 무서운 홍수가 다시 일어나더라도 거기에 영향 받지 않을 만큼 견고한 탑을 세우기 원했다. 그들은 단합하면 못 할 일이 없다고 생각했다.

하나님께서 원하셨던 것은 그들이 노아의 방주와 홍수를 기억하면서 더욱 하나님을 두려워하고 의지하는 겸손한 태도를 갖는 것이었는데, 오히려 그들은 자신들의 지혜를 모으고 단합하면 하나님의 심판을 이겨낼 수 있다고 생각했다. 한편으로 생각하면 무모하기짝이 없고, 또 다른 한편으로 생각하면 교만이 하늘을 찌르는 태도였다. 이런 잘못된 방향으로 나아가니까 하나님께서 그들을 흩어버리셨다.

여기서 중요한 것은 하나님의 인식이다. 하나님은 그들의 언어가 문제라고 진단하셨다. 그들의 타락한 생각이 통일된 언어를 통해서 확산되고 있다는 것이다. 그래서 언어를 흩어버리신다.

여호와께서 이르시되 이 무리가 한 족속이요 언어도 하나이므로 이

같이 시작하였으니 이후로는 그 하고자 하는 일을 막을 수 없으리로다 자, 우리가 내려가서 거기서 그들의 언어를 혼잡하게 하여 그들이 서로 알아듣지 못하게 하자 하시고 **창 11:6,7**

나는 바벨탑 사건을 보면서 우리가 사용하는 언어는 마치 날카로운 칼과 같다는 생각을 했다. 날카로운 칼은 잘 사용하면 너무나 유익한 도구가 된다. 하지만 잘못 사용하면 흉기가 된다. 우리가 사용하는 언어도 마찬가지다. 그렇기에 언어를 조심하지 않으면 언제든 누군가를 베는 흉기가 될 수 있다는 사실을 늘 인식해야 한다.

한번 나온 말은 주워 담을 수 없다

성경에 말에 대한 경고가 얼마나 많이 나오는지 모른다. 지금 우리가 살펴보고 있는 에베소서도 마찬가지이다. 바로 앞 장인 4장 25절에도 "그런즉 거짓을 버리고 각각 그 이웃과 더불어 참된 것을 말하라"라면서 언어 사용에 대해 권면하고 있고, 4장 29절에서도 "무릇 더러운 말은 너희 입 밖에도 내지 말고 오직 덕을 세우는 데 소용되는 대로 선한 말을 하여 듣는 자들에게 은혜를 끼치게 하라"라고 언어 사용에 대한 지침을 주고 있다.

바로 몇 구절 건너서 본문에서 또 말씀하셨다.

음행과 온갖 더러운 것과 탐욕은 너희 중에서 그 이름조차도 부르지 말라 이는 성도에게 마땅한 바니라 엡 5:3

4절에도 비슷한 경고의 말씀이 나온다.

누추함과 어리석은 말이나 희롱의 말이 마땅치 아니하니 엡 5:4

여기 나오는 "누추함"이라는 단어를 원어로 보면 '희롱의 말'과 비슷한 '성적인 농담'이라는 뜻을 가지고 있다. 그런가 하면 이어서 나오는 "어리석은 말"은 한마디로 말해서 공동체를 세우는 데 아무런 유익이 되지 않는 말을 의미한다.

나는 간혹 경건하게 예배 잘 드리는 우리 교회 성도들이 직장이나 가정에서 사용하는 언어는 어떨까 궁금할 때가 있다. 요즘은 많이 개선되었지만, 예전에는 직장에서 음담패설이나 상스러운 농담을 예사로 던지는 사람이 많았다. 심지어는 여직원을 대상으로 성적인 농담을 던지는 바람에 큰 상처를 입었다는 얘기도 심심찮게 들을 수 있었다. 이런 말이 들려올 때마다 내 마음에 소원을 갖게 되었다. 오늘 예배 시간에 최선을 다한 성도들은 이런 상스러운 농담의 자리에 참여하지 않기를 간절히 바라는 것이다. 주님은 그런 일을 금하시기 때문이다.

이런 점에서 우리는 예배의 기쁨이 찾아올 때 구체적으로 질문해야 한다.

'엿새 동안 내 입술은 어떻게 사용되고 있었는가?'

교회 소그룹 모임에서도 마찬가지다. 소모임에 사람들이 잘 모이는 것보다 중요한 것이 그곳에서 오가는 언어가 어떤 것들이냐 하는 것이다. 간혹 초신자들이 교역자들한테 하소연하는 일이 있다. 자기는 소그룹 모임에 참여하면서 세상 모임에서 오고 가는 공허하기 짝이 없는 말장난 같은 대화들과는 다른 무언가를 많이 기대하고 갔는데, 실망했다는 것이다. 신앙적인 소그룹 모임이라고 해서 갔더니 성경 공부는 아주 잠깐만 하고는 세상 얘기들로 가득 찬 대화를 나눈다는 것이다. 어느 연예인이 무슨 말을 했고, 어제 본 연속극이 어땠고, 아이들 학원은 어디로 보내는 것이 좋다 하는 이야기들 말이다. 남성들은 모여서 주식 동향이 어떻다느니, 환율이 어떻다느니 하는 이야기로 시간을 많이 보낸다고 아쉬움을 호소하는 경우도 가끔 있다.

이런 말들은 신앙공동체에 어울리지 않는 말들이다. 물론 우리가 세상과 담을 쌓을 수는 없기에 세상 이야기를 전혀 하지 않을 수는 없지만, 교회 공동체라면 그 공동체에 어울리는 말들이 오고가야 한다. 처음 예수님을 믿게 된 사람들이 듣기에 감동이 되는 언어, 사랑의 언어, 격려의 언어, 하나님을 찬양하는 언어, 하나님의 말씀을 깨닫는 것에 대한 감격의 언어들이 나누어져야 한다.

물론 교회 소그룹 모임에서는 에베소서 5장 4절에서 말하는 '누추함과 어리석은 말들'이야 하지 않겠지만 항상 입술의 언어를 조심해야 함을 잊지 말아야 한다.

그렇다면 하나님은 왜 "음행과 온갖 더러운 것과 탐욕은 너희 중에서 그 이름조차도 부르지 말라"(3절)라고 경고하시는가? 여기서 "이름조차 부르지 말라"라고 할 때 '이름을 부른다'라는 의미의 단어는 원어로 '오노마조'이다. 이 단어에서 '관계를 맺다', '소통하다'라는 의미가 파생되었다. 다시 말해 하나님께서는 우리가 그것들을 입에 담으면 그것들과 소통하는 결과를 가져오기에 그 음란한 것들을 입에 담지 말라고 말씀하신 것이다.

입술의 언어에는 능력이 있다. 그래서 언어학자인 에드워드 사피어는 이렇게 말했다.

"인간은 객관적 세계에 살고 있는 것처럼 흔히들 생각하지만 사실은 언어를 매개로 살고 있다. 실제 세계는 언어 습관의 기초 위에 세워져 있다."

한마디로 말해서 우리 인간은 언어의 영향력 아래 놓여 있다는 말이다. 어떤 말을 듣고 사느냐, 어떤 말을 주로 하느냐 하는 것이 그 사람을 규정짓는다는 말이다.

사실 언어를 통해서 일하시는 것은 하나님이 일하시는 방식이기도 하다. 하나님은 언어를 통해 일하시고, 언어를 통해 소통하신다. 성경은 창세기 1장에서부터 "하나님이 이르시되 빛이 있으라 하시니 빛이 있었고"(창 1:3)라고 했다. 하나님은 언어를 통해 천지를 창조하신 것이다. 또한 요한일서 2장 24절에 보면 "너희는 처음부터 들은 것을 너희 안에 거하게 하라 처음부터 들은 것이 너희 안에 거하면 너희가 아들과 아버지 안에 거하리라"라고 했다. 언어의 중요성을 이처럼 강조한 말씀이 또 어디 있겠는가?

우리가 잘 아는 바와 같이 음행과 온갖 더러운 것과 탐욕으로 대표되는 성적 타락은 우리를 위협하는 강력한 무기이다. 그런데 무서운 흉기가 하나 더 있다. 언어의 타락이다. 어떤 면에서는 성적인 타락보다 언어의 타락이 더 무서울지 모르겠다. 성적 타락은 우리 모두가 경계한다. 만약 목사가 성적인 잘못을 저질렀다면 바로 끝장이 난다. 그러니 처음부터 경계를 세운다.

그런데 언어에 대해서는 그렇지 않다. 말은 실수를 했을지라도 미안하다고 하면 되는 것 아니냐고 가볍게 여긴다. 그래서 방심하기 쉽다. 그런데 가만히 보면 교회를 어지럽히고 무너뜨리는 것은 성적 타락보다 언어의 타락인 경우가 더 많다. 말로 교회를 어지럽게 만들고, 분파를 만들고, 갈라지게 한다. 방심하기 때문이다. 그렇기 때문에 우리는 언어의 변질과 타락을 막아야 한다.

작은 영향력을 무시하지 말라

우리가 살펴보고 있는 에베소서 5장에 보면, 하나님께서는 우리의 언어가 변질되지 않도록 두 가지 대안을 마련해주신다.

첫째, 공허한 말로 죄를 부추기는 자를 멀리하라고 말씀하신다.

누구든지 헛된 말로 너희를 속이지 못하게 하라 이로 말미암아 하나님의 진노가 불순종의 아들들에게 임하나니 그러므로 그들과 함께 하는 자가 되지 말라 엡 5:6,7

나는 이 말씀을 읽으면서 출애굽기 12장에 나오는 단어 하나가 떠올랐다.

이스라엘 자손이 라암셋을 떠나서 숙곳에 이르니 유아 외에 보행하는 장정이 육십만 가량이요 수많은 잡족과 양과 소와 심히 많은 가축이 그들과 함께하였으며 출 12:37,38

이스라엘 백성이 애굽을 탈출하던 당시에 이스라엘 백성뿐만 아니고 타민족도 함께 탈출한 것 같다. 그런데 성경은 그들을 향해 왜 '잡족'이라는 부정적인 표현을 사용했을까? 그것은 바로 타민족들이 끼쳤던 부정적인 영향력 때문이다.

그들 중에 섞여 사는 다른 인종들이 탐욕을 품으매 이스라엘 자손도 다시 울며 이르되 누가 우리에게 고기를 주어 먹게 하랴 민 11:4

이 구도를 잘 살펴보라. 대부분이 이스라엘 백성이 모였는데, 거기에 다른 민족도 섞여 있었다. 그러면 누가 대세를 이루고 있는가?

이스라엘 민족이다. 나머지 타민족은 소수이다. 그런데 '잡족'으로 표현되는 다른 민족, 소수인 그들이 먼저 음식에 대한 탐욕을 품었고, 그 영향력으로 이스라엘 백성에게서 원망과 불평이 다시 터져 나왔다.

이는 무엇을 말하고 있는가? 사람이 모이면 일반적으로 다수를 따른다. 많은 수가 적은 수를 잠식한다. 이게 일반적인 상식인데, 언어의 능력이 얼마나 강한지 당시 소수였던 타민족 사람들이 다수의 이스라엘 백성에게 악영향을 미쳤다는 것이다. 이것이 불평과 원망이 가진 악한 영향력이다. 그렇기 때문에 하나님께서는 우리가 그들과 격리되기 원하신다. 그들을 멀리하기 원하신다.

나는 지금 누구의 영향을 받고 있는가? 나에게 악한 영향력을 행사하는 것은 군대처럼 훈련된 다수가 아니라 너무나 평범한 얼굴을 가진 직장 동료 한 사람일 수 있다. 이것은 교회도 마찬가지다. 교회를 무너뜨리는 것은 강력한 조직을 갖춘 이단이 아니라 교회 내에 조용히 침투 된 '잡족' 한 사람이다. 그들이 입술로 퍼뜨리는 불평과 원망은 생각보다 강력하다. 소수가 다수를 잠식할 수 있는 능력, 이것이 입술의 언어이다.

한편으로 더 중요한 것은 우리 자신이 출애굽기에 나오는 '잡족'이 되어서는 안 된다는 것이다. 성경이 말하는 잡족은 누구인가? 나를 반대한다고 해서 무조건 잡족이라고 여겨서는 안 된다. 반대하는 의견이나 충고하는 메시지 중에도 거룩한 하나님의 뜻이 담겨 있는 경우가 많다. 그렇다면 누가 잡족일까?

너희가 내 말에 거하면 참으로 내 제자가 되고 진리를 알지니 진리가
너희를 자유롭게 하리라 요 8:31,32

여기에는 잡족에 반하는 메시지가 나온다. "너희가 내 말에 거하
면" 잡족이 아니라는 말씀이다. 우리가 음담패설이나 부정적인 말,
우리 마음을 답답하게 하는 어둡고 우울한 세상의 목소리에 귀를
기울이지 않고 거룩하신 하나님의 말씀 안에 거한다면 우리는 잡족
이 아니다. 우리 모두가 하나님 안에 거하되 말씀 안에 거하게 되길
바란다. 말씀 안에 거하게 될 때 우리는 안전하다.

감사 선포가 능력이다

둘째로, 우리의 언어가 변질되지 않게 하려면 감사를 선포해야
한다.

누추함과 어리석은 말이나 희롱의 말이 마땅치 아니하니 오히려 감
사하는 말을 하라 엡 5:4

이 감사는 사람에게 하는 감사가 아니라 하나님의 은혜에 대한
감사를 뜻한다. 하나님을 향한 감사를 선포하는 것이 입술의 타락

을 막는 능력이라는 것이다.

얼마 전에 어떤 선교사님에게서 이메일을 받았다. 그런데 이분이 이메일 내용에 썰렁한 농담 같은 퀴즈를 하나 적으셨다.

"하나님이 무슨 과일을 제일 좋아하시는지 아십니까?"

하나님이 특별히 좋아하시는 과일이 있다는 것이다. 그래서 나도 농담 삼아 "이제부터는 추수감사절에 다 그 과일로 채울 테니 좀 알려주세요"라고 했다. 그러자 선교사님이 답을 보내셨다. 정답은 '감'이란다. 하나님이 감을 제일 좋아하셔서 성경에 '감 사드리세'라는 말이 많이 나온다는 것이다.

답을 듣자 너무나 썰렁해서 할 말을 잃었다. 그런데 참 이상한 것이, 그걸 읽을 때는 썰렁했는데 이게 자꾸 머릿속에 떠올랐다.

'감 사드리세.'

그래서 앞으로는 성경을 이렇게 읽으려고 한다.

"여호와께 감 사드리세."

성경에는 감사와 감사를 권면하는 말씀이 참 많이 나온다.

감사함으로 그의 문에 들어가며 찬송함으로 그의 궁정에 들어가서 그에게 감사하며 그의 이름을 송축할지어다 시 100:4

하나님이여 우리가 주께 감사하고 감사함은 주의 이름이 가까움이라 사람들이 주의 기이한 일들을 전파하나이다 시 75:1

성경에서 감사하라는 내용을 다 찾아서 읽는다면 엄청 오랜 시간이 필요할 것이다. 얼마나 많은 구절에서 이것을 강조하고 있는지 모른다. 왜 그럴까? 하나님은 하나님이 하신 일에 대한 감사를 선포하는 것을 기뻐하시기 때문이다. 그리고 더 중요한 것은 하나님이 기뻐하시는 그 감사 선포가 실제 우리 삶에 능력이 된다는 사실이다.

이런 일을 경험한 대표적인 인물로 다니엘을 들 수 있다.

> 다니엘이 이 조서에 왕의 도장이 찍힌 것을 알고도 자기 집에 돌아가서는 윗방에 올라가 예루살렘으로 향한 창문을 열고 전에 하던 대로 하루 세 번씩 무릎을 꿇고 기도하며 그의 하나님께 감사하였더라
>
> 단 6:10

기도를 드리는 것까지는 이해한다고 치자. 그런데 뭘 감사하겠다는 것일까? 다니엘은 지금 정치 생명이 끝나는 정도가 아니라 목숨이 경각이 달려 있는 상황이다. 정적들이 그를 죽이려고 음모를 꾸미며 임시 법률을 만들었는데 거기에 왕이 도장까지 찍은 상황이다. 그런데 하나님은 이 위기 상황에서 아무 도움도 주시지 않았다. 그렇게 침묵하고 계신 하나님께 뭘 감사한다는 것일까?

나는 다니엘의 모습을 보면서 중요한 것을 하나 깨달았다. 감사할 일들이 있을 때 감사하는 것도 귀하고 중요하지만, 거기서 한 걸

음 더 나아가 감사할 수 없는 상황에서도, 내 상식으로나 이성으로
는 감사할 수 없는 조건일지라도 그분을 믿음으로 감사하는 것이
중요한 태도임을 알게 된 것이다.

다니엘의 감사가 얼마나 큰 능력이었는지는 이 사건을 다루고 있
는 다니엘서 6장이 어떻게 마무리되는지를 보면 알 수 있다. 6장은
이렇게 끝난다.

이 다니엘이 다리오 왕의 시대와 바사 사람 고레스 왕의 시대에 형통
하였더라 단 6:28

다니엘이 나중에 어떠한 형통함을 누렸는지는 우리가 잘 아는 바
와 같다. '그리 아니하실지라도'의 상황은 정적들이 나를 죽이려고
달려드는데도 하나님이 침묵하고 계시는 것 같은 때다. 이런 상황
에서도 믿고 선포하면서 선행하는 감사가 우리 안에 일어날 때, 그
것이 능력이 되는 줄 믿는다.

우리가 잘 아는 손양원 목사님도 마찬가지 아닌가? 여순 반란
사건 때 자신의 두 아들을 죽인 원수가 사형을 선고받자 그를 위해
탄원운동을 하셨고, 결국 살려내서는 양자로 삼았던 '사랑의 원자
탄' 손양원 목사님. 지금도 전남 여수에 가면 그 분이 나환자들을
돌보시던 '애양원'이라는 곳에 목사님의 유품들이 전시되어 있다.
그중에는 상당히 독특한 봉투가 하나 있는데, 그 봉투에는 이렇게

쓰여 있다.

"두 아들의 순교를 감사하며, 일만 원. 손양원."

두 아들이 비참하게 죽을 때까지 아무런 도움도 주지 않으신 하나님인데, 뭐가 감사하다는 것일까? 손양원 목사님은 교회에서 기도하다가 두 아들의 소식을 듣게 되셨는데, 그때 목사님은 무릎을 꿇고 이렇게 기도를 드리셨다고 한다.

"하나님의 뜻이 있어서 제 아들 둘을 불러 가신 것으로 믿고 감사 드립니다."

그리고 장례식 때는 두 아들의 죽음을 하나님께 올려 드리며 아홉 가지 감사 기도를 드리셨다. 그중 앞에 나오는 두 가지 기도제목은 이렇다.

첫째, 나 같은 죄인의 혈통에서 순교의 자식들이 나오게 하셨으니 하나님께 감사합니다.
둘째, 그동안 이런 귀한 보배들을 저에게 맡겨주셔서 하나님께 감사합니다.

비록 십몇 년 함께 살다가 하나님나라로 떠나보낸 두 아들이지만, 그 기간이 너무 아름다운 추억이 되니 감사가 나온다는 기도였다. 목사님의 기도는 말도 안 되는 감사 선포였다.

나는 목사님의 기도에서 감사 선포는 우리 안에 있는 울분과 분노의 확대 재생산을 막는 능력임을 발견했다. 이유를 알 수 없는 하나님의 뜻과 일하심이지만, 감사를 선포했더니 손양원 목사님의 내면의 감정이 마귀의 손아귀에 사로잡히는 일은 피하게 된 것이다. 분노의 확대 재생산이 일어나지 않으니 자신의 두 아들을 죽인 원수를 양아들로 삼는 자리까지 가게 되었다.

가만히 생각해보니, 나도 감사의 능력을 경험했었다. 나는 1990년에 신학교 들어가서 1992년 말에 사랑의교회에서 청소년 사역을 시작했다. 너무 사모하고 가고 싶었던 교회였는데, 교회에 부임하고 나서는 '잘못 왔나? 역부족인가?' 싶었다. 우선 사람이 너무 많아서 정신을 차릴 수 없었고, 내가 가르치는 고3 아이들이 나와는 전혀 다른 부류였던 게 힘들었다. 지방에서 올라온 내가 쉽게 다가갈 수 없는 문화적인 차이가 느껴졌다.

그래서 교회에 부임한 후에도 상당 기간 적응을 못 해서 월요일마다 고속버스를 타고 앞서 사역했던 지방 교회에 내려가서 주변을 맴돌았다. 서울에 오면 외로워서 눈물이 나고 마음이 힘들었다. 그러다가 이래서는 안 되겠다 싶어서 선포를 시작했다.

"하나님 감사합니다. 저 학생들을 가르칠 수 있는 게 얼마나 큰 특권이며 복인지요? 이런 귀한 청소년들을 맡겨주시니 진심으로 감사합니다."

그리고 아이들에게도 "난 너희들이 참 좋다, 너희들을 사랑한다, 너희들을 만나게 해주신 하나님께 감사한다"라고 계속 선포했다.

그러자 놀라운 일이 일어났다. 그 사춘기 아이들이 사랑스러워지기 시작하는 것이다. 감사 선포가 진짜 능력이었다.

내가 지도하는 청소년들에 대한 감사와 사랑 표현뿐 아니라 내가 몸담고 있는 교회에 대한 감사, 담임목사님이신 옥한흠 목사님에 대한 감사도 자주 표현했다.

이런 일들을 경험하면서 나는 확신했다. 하나님이 주신 사역지를 하나님께서 허락해주신 선물로 생각하며 감사함으로 섬길 때 거기에 능력이 나타난다는 사실을. 무엇보다도 그 감사를 입술로 선포할 때 하나님은 나의 부정적인 감정을 다스려주시고 내 안에 더욱 큰 감사로 채워주심을 많이 경험했다.

그때는 목회자들이 쉬는 월요일에도 종종 교회로 출근했다. 월요일이 되면 어제 함께 드렸던 예배의 여운도 남아 있고, 또 아이들이 그립고 보고 싶어서 교회에 갔다. 아무도 없는 교회에 문을 열고 들어가 자리에 앉으면 절로 감사가 나왔다. 나처럼 미약한 자가 저귀한 아이들을 섬길 수 있다는 것이 얼마나 큰 감사인지, 내가 출근할 수 있는 사무실이 있다는 게 얼마나 큰 기쁨인지. 이것이 감사 선포의 위력이었다.

부부 사이에서도 마찬가지이다. 자꾸 문제만 집어내지 말고, 상대의 좋은 점을 자꾸 선포해보라. 세상에 이렇게 좋은 여자가 어디 있느냐고, 나한테 이렇게 고맙게 하는 남자가 어디 있겠냐고. 자꾸 입술로 감사를 선포하면 그것이 능력이 될 줄 믿는다.

두 가지는 꼭 기억해야 한다. 먼저는 공허한 말로 죄를 부추기는 자들을 멀리하고, 그 자리에 거룩하신 하나님의 말씀이 자리 잡게 하는 것이다.

독사의 자식들아 너희는 악하니 어떻게 선한 말을 할 수 있느냐 이는 마음에 가득한 것을 입으로 말함이라 선한 사람은 그 쌓은 선에서 선한 것을 내고 악한 사람은 그 쌓은 악에서 악한 것을 내느니라
마 12:34,35

또한 정말 입술에서 악을 막고 싶다면 내면이 바뀌길 기도해야 한다.
"하나님, 내 안에 선한 말이 선포될 수 있도록 선한 것을 허락하여주시옵소서!"
우리 모두에게서 이 놀라운 입술 선포의 능력이 나타나기를 바란다.

항상 기뻐하라 쉬지 말고 기도하라 범사에 감사하라 이것이 그리스도 예수 안에서 너희를 향하신 하나님의 뜻이니라

13

마지막 때에 감사하라

한양대학교 홍성태 교수가 쓴 《모든 비즈니스는 브랜딩이다》라는 책이 있다. 그 책에 새뮤얼 라이보비치라는 유대인 변호사를 언급하는 대목이 있다. 새뮤얼 라이보비치는 평생 사형수들을 무료로 변호해준 것으로 유명하다. 놀랍게도 이분이 변호해서 사형수가 무기 징역으로 감해지거나 혹은 그 이하로 감형을 받는 사람이 무려 78명이나 됐다고 한다. 이렇게 사형수들을 위해 큰일을 한 이분이 한 강연에서 이런 말을 했다고 한다.

"저는 평생 무료 변호를 통해 78명의 사형수를 죽음으로부터 건져냈습니다. 그러나 그 어느 누구로부터도 다음 두 단어를 들은 적이 없습니다. 그 두 단어는 'Thank you'입니다."

책에 나오는 이 짧은 내용이 내 마음을 강렬하게 터치했다. 저자가 이 이야기를 언급하면서 이런 해설을 덧붙여놓은 것도 보았다.

"극악무도한 살인을 저지른 사람들은 남이 자신을 도와줬다고 고맙다 느끼지 않을뿐더러 행여 그런 생각이 들었다고 해도 고맙다고 얘기하는 것에 익숙하지 못합니다. 그들을 극악무도한 살인자로 만든 것은 바로 공감받지도 못하고 남과 마음의 교류를 통해 조율하는 법을 배우지 못한 불우한 환경 때문이 아닐까요?"

이 대목이 참 가슴 아프게 읽혔다. 그러면서 디모데후서 말씀이 떠올랐다.

> 너는 이것을 알라 말세에 고통하는 때가 이르러 사람들이 자기를 사랑하며 돈을 사랑하며 자랑하며 교만하며 비방하며 부모를 거역하며 감사하지 아니하며 거룩하지 아니하며 딤후 3:1,2

말세가 달리 고통스러운 것이 아니라 새뮤얼 라이보비치 변호사가 말하는 78명의 사형수들처럼 감사하는 마음을 잃어버린 사람을 양산하게 만드는 상황이기에 그 고통이 크다는 말이다. 사실, 믿는 우리조차도 말세의 영향을 받아서 점점 마음이 굳어지고 감사가 잘 나오지 않고 감사의 자리에서 오히려 불평이 나오고 원망하는 모습을 심심치 않게 보이는 것이 현실 아닌가?

그래서 데살로니가전서 5장 16-18절 말씀이 참 중요하다고 생각한다. 이 말씀은 모르는 사람이 없을 만큼 유명한 말씀이지만, 이 말씀이 어떤 맥락에서 나온 것인지, 어떨 때 적용해야 하는지 아는 사람은 그다지 많지 않다. 이는 마지막 때에 잠들어 있는 사람들을 향하여 주신 말씀이다.

형제들아 때와 시기에 관하여는 너희에게 쓸 것이 없음은 주의 날이 밤에 도둑같이 이를 줄을 너희 자신이 자세히 알기 때문이라 그들이 평안하다, 안전하다 할 그때에 임신한 여자에게 해산의 고통이 이름과 같이 멸망이 갑자기 그들에게 이르리니 결코 피하지 못하리라

살전 5:1-3

그러면서 6절에 대안을 제시한다.

그러므로 우리는 다른 이들과 같이 자지 말고 오직 깨어 정신을 차릴지라 살전 5:6

마지막 때에 깨어 정신 차리기를 권면하고, 또 그것을 명하는 말씀이다. 그렇다면 어떻게 하는 것이 깨어 정신을 차리는 것인가? 10절에 그 대답이 나온다.

예수께서 우리를 위하여 죽으사 우리로 하여금 깨어 있든지 자든지 자기와 함께 살게 하려 하셨느니라 살전 5:10

어떻게 하는 것이 말세에 잠들지 않고 경각심을 가지고 깨어 있는 삶을 사는 것인가? 바로 십자가를 기억하는 것이다. 예수님이 십자가로 나를 구원해주신 것, 자격 없는 내가 어떤 은혜를 받아서 하나님의 자녀가 되었는지를 기억해야 한다. 그리고 거기에 그치지 않고 내 남은 생애를 주인 되시는 예수님과 동행하며 그분을 의지하는 것, 그분과 더불어 살아가는 삶의 태도를 가지는 것, 이것이 말세에 깨어 있는 삶의 모습이라는 것이다.

이렇게 말세에 주님과 동행하는 깨어 있는 삶을 살라는 말씀을 주시고는, 이어지는 11절에서부터는 말세에 주님과 동행하는 사람들이 가져야 할 행동 지침을 쭉 열거한다. 그 행동 지침 중 하나가 바로 데살로니가전서 5장 16-18절 말씀이다.

항상 기뻐하라 쉬지 말고 기도하라 범사에 감사하라 이것이 그리스도 예수 안에서 너희를 향하신 하나님의 뜻이니라 **살전 5:16-18**

그렇기 때문에 지금 우리가 사는 이 시대가 말세라고 한다면, 말세를 사는 우리 앞에는 두 갈래 길이 있다. 하나는 앞에서 인용한 78명의 사형수들이 걸어간 길인 '말세에 고통하는 때가 이르러 사람들이 감사하지 아니하는' 길이고, 또 다른 한 길은 하나님께서 주시는 지침인 '항상 기뻐하라, 쉬지 말고 기도하라, 범사에 감사하라'는 말씀을 실천하는 길이다.

당신은 지금 이 두 갈래 길 중에서 어느 길로 나아가고 있는가?

불가능하지 않다

사실 "항상 기뻐하라"고 아무리 설교를 하고 외쳐도, 현실을 돌아보면 세상보다 더 많은 원망과 불평이 교회 안에 있다. 여기에 나오는 '항상'은 헬라어로 '판토테'라는 단어인데, 이것은 영어로 말하면 'all'이라는 뜻이다. 즉 "항상 기뻐하라"라는 말씀을 원어의 의미 그대로 번역하면 '모든 상황에서 기뻐하라'는 의미가 된다. 그리고 '범사에 감사하라'라는 말씀에 나오는 '범사'도 '항상'과 같은 단어이다. 그러니 어떤 상황에서든지 기쁨과 감사를 잃어서는 안 된다는 말씀이다. 이것이 가능한 일이거나 한가? 그러니 이 본문을 가지고 말씀을 전하면 대부분의 사람들이 실천 불가능한 것으로 치부한다.

'에이, 사람이 어떻게 항상 기뻐하고 살아? 쉬지 말고 기도하는 것이 가능해? 범사에 감사하는 것은 천사나 가능하지.'

말씀을 듣는 성도들이 이렇게 치부해버리면 그 설교는 공허한 메아리에 불과하다. 설교를 준비하다가 이런 생각에 빠지게 되었는데, 그때 우리 교회 대학부 자매 한 명이 떠올랐다.

미국의 명문 캘리포니아대학교(UCLA)에 다니던 자매였는데, 이런저런 사정으로 한국에 잠시 방문했다가 공부를 계속하기 위해 다시 LA로 떠났는데, 문제가 생겼다. 미국 공항 입국심사대에서 문제를 제기해서 공항 밖은 밟아보지도 못하고 다시 비행기를 타고 귀국하게 된 것이다. 만 하루 동안 일어난 일들이 이 자매에게 너무나 큰 상처가 되었다. 그 자매가 쓴 글을 인용해보자.

아침 11시부터 하염없이 초조하게 취조를 기다리다가 취조를 마친 저녁 7시부터 밤 12시 40분 비행기까지 나는 꼬박 어두운 방에 갇혀 모든 것이 통제된 채 지냈다.

어떤 상황인지 짐작이 가는가?

서류상 사진 촬영, 취조서, 인터뷰, 통신 제한, 밀실 감금, 짐 뒤지기, 감시, 총을 양옆에 찬 오피스들의 공항 에스코트 등 마치 범죄자를 대하는 듯한 취급과 나를 바라보는 시선에 대한 심리적 고통. … 까끌까끌한 담요와 간이침대 3개에 의자가 여럿 있는 불이 꺼진 어두운 방 안엔 무서워 보이는 남성들이 여럿 있었고, 낯선 이들과 같은 공간에서 그것도 어두컴컴하고 고요한 공간에서 경계심을 바짝 세운 채 멍하니 누워 오지 않는 잠을 애써 청하며, 울지 않으려 꺽꺽거리며 15시간 동안 아무것도 먹지 못해 쓰려오는 속과 배고픔을 달래야 했다. 밀폐된 공간에 시간이 어떻게 흐르는지 모른 채 갇혀 지내니 처음으로 정신과 의사를 만나 폐쇄공포증과 트라우마에 대한 치료를 받고 싶은 생각이 간절했고, 밖으로 나가서 아무나 붙잡고 울고 싶었고, 5분이라도 밀실 밖 공간에 앉아 숨을 쉬고 싶었다.

아직 세상 경험도 별로 없는 이십 대 초반의 어린 자매가 이런 견디기 힘든 고통을 경험했는데, 내가 놀란 것은 앞부분에서 하나님에 대한 원망스런 마음을 표현한 직후에 깜짝 놀랄 고백을 하는 것이다.

하지만 나는 한 번 더 하나님께서 이 일을 통해 나를 위해 더 크고 놀랍게 선한 계획을 갖고 계시고, 지금 당장은 아프고 힘들지만 여전히 누구보다 나를 사랑하신다는 것을 믿고 선포하기 원한다. 이렇게 막으셔야 했던 분명한 이유가 있었을 것이다.

그다음에 뭉클하게 하는 한마디가 나온다.
"고통 가운데 받았던 감사를 세어보자면….."
폐쇄공포증을 느낄 것 같은 두려움에 빠져 있으면서도, 이 자매는 본능이 전하는 하나님에 대한 섭섭함과 원망의 감정을 억누르면서 이 아픈 상황 속에서도 하나님께 감사할 무엇을 찾고 있었다. 실제로 내게 보내준 편지에 그 당시 힘든 과정에서 얻게 된 감사 제목을 다섯 가지나 열거했다. 그 눈물의 다섯 가지 감사를 열거한 다음 이 자매는 글을 이렇게 마무리했다.

비록 오늘의 트라우마로 많이 좌절되고 힘들지만, 말씀으로 정결케 되고 더욱더 몸과 마음을 하나님 앞에 거룩히 가꾸어 하나님께서 만들어가시는 나를 기대하며 다시 일어나야겠다.

나는 인생의 경험이 별로 없는 이 젊은 자매가 말로 다 할 수 없는 두려움과 트라우마 속에서도 다시 일어나야겠다는 마음의 결단을 내릴 수 있었던 힘이 부러웠다. 실제로 이 자매를 만나 눈물 없이는 들을 수 없는 이야기를 들으면서, 세상 경험이 별로 없는 이십 대 초반의 대학부 학생이 이런 성숙한 삶을 위해 몸부림치고 있다면 목회자인 나를 포함한 기성세대 크리스천들은 더욱 분발해야겠다는 생각을 했다.

말세 중 말세라고 하는 이 마지막 때에 이 젊은 자매가 애쓰고 노력하며 붙들었던 "항상 기뻐하라, 쉬지 말고 기도하라, 범사에 감사하라"라는 말씀을 우리도 다 꼭 붙들기를 바란다. 그래서 주님의 뜻대로 이 시대를 살아내는 하나님의 백성들이 다 되기를 바란다.

감사는 영의 잣대이다

덧붙여서 앞에서도 몇 번씩 반복했던 내용이지만, 우리가 감사와 관련하여 꼭 기억해야 할 세 가지 사항을 나누고 싶다.

첫째로, 감사는 우리의 '영적 상태를 점검하는 잣대'임을 기억하자. "범사에 감사하라"라는 말씀의 '감사하다'라는 단어는 헬라어로 '유카리스테오'이다. 이 단어는 '유'(좋다)와 '카리스'(은혜)라는 두 단어로 만들어진 합성어이다. 그러니까 이 단어는 '하나님이 하신 모든 일은 다 선하다, 좋다, 합당하다'라는 믿음의 고백이 담겨 있는 차원에서의 감사를 의미한다. 앞에서 언급했던 그 자매가 공항에 억류되는 두려운 상황에서도 끝까지 붙잡은 것이 무엇인가?

"하나님은 이 일을 통해 분명히 더 크고 놀랍고 선한 계획을 갖고 계실 것이다. 지금 당장은 너무 힘들고 아프지만 여전히 하나님은 나를 누구보다 사랑하신다는 것을 믿고 선포하기 원한다."

이것이 절망적인 상황을 이기게 만든 힘이 아니었는가?

"응답하신 기도 감사, 거절하신 것 감사"라는 찬양 가사에서, 거절하신 것에도 감사할 수 있는 것은 '유카리스테오', 즉 하나님이 하신 모든 일은 좋은 것이라는 신뢰가 있었기에 가능한 고백이다. 우리에게는 이런 힘이 있는가?

느헤미야가 또 그들에게 이르기를 너희는 가서 살진 것을 먹고 단 것을 마시되 준비하지 못한 자에게는 나누어주라 이날은 우리 주의 성일이니 근심하지 말라 여호와로 인하여 기뻐하는 것이 너희의 힘이니라 하고 느 8:10

실력은 위기가 올 때 나타난다. 인생의 어려움이 찾아올 때 그 어려움을 어떻게 대하느냐가 그 사람의 영적 실력이다. 장미꽃 냄새가

만발한 곳에서 감사하는 것이 무슨 실력인가? 온 사방에서 장미꽃 가시가 찔러대는 상황에서도 하나님을 신뢰하기에 그 가시 속에서 장미꽃을 피우시는 하나님을 볼 수 있는 눈, 이것이 영적 실력 아닌가? 나는 우리 모두가 어려운 일을 능히 감당하는 영적 실력을 지니는 이들로 성장하길 바란다.

그러므로 너희가 그리스도 예수를 주로 받았으니 그 안에서 행하되 그 안에 뿌리를 박으며 세움을 받아 교훈을 받은 대로 믿음에 굳게 서서 감사함을 넘치게 하라 골 2:6,7

감사함이 넘치는 삶이 믿음으로 굳게 서는 삶이다. 하나님의 은혜로 이 말세에도 항상 기뻐하고 범사에 감사하는 삶을 살아내길 바란다.

감사는 훈련을 통해 이루어진다

감사와 관련해 기억해야 할 두 번째는, 감사는 훈련을 통해 이루어진다는 사실이다.

데살로니가전서 5장 16-18절 말씀을 보면 이해가 안 되는 부분이 있다. "항상 기뻐하라"고 하는데, 기쁨은 강요해서 되는 것이 아니라 물이 위에서 아래로 흐르듯이 그 상황에 의해 자연스레 생기는 감정 아닌가? 그런데 왜 "항상 기뻐하라"고 명령을 하시는가? 여기에 중요한 의미가 담겨 있다. 본능에 의해 생기는 감정을 방치하지 말라는 것이다. 자기감정을 통제하고 다스리는 훈련이 필요하다는 것이다.

예전에 미국의 5개 주를 순회하면서 말씀을 전한 적이 있다. 미국은 땅이 넓어서 한 번 비행기를 타면 두세 시간은 기본이다. 그러다 보니 순회 집회에 생각보다 많은 에너지가 들어간다.

순회 일정 중에 제일 힘들었던 날이 있었는데, 아칸소 주에서 집회를 마치고 다음 날 아침 일찍 뉴욕으로 가는 일정이었다. 아침 일찍 달라스 공항에 도착해서 뉴욕 행 비행기를 기다리고 있는데, 거기가 한국으로 가는 국제선도 있는 곳이었다. 너무 힘들어서 공항 대합실에 멍하니 앉아 있는데, 한 한국 목사님이 나에게 계속 질문을 해왔다. 나는 아는 대로 질문에 성의껏 대답을 해드렸는데, 질문이 끝날 듯하면서 끝나지 않고 계속 이어졌다.

성심껏 대답해드리다 '아차' 싶어서 돌아보니 비행기 탑승 문이 닫혀버렸다. 당황해서 급하게 항공사 데스크로 가서 상황을 설명하고 비행기를 놓쳤다고 얘기하니 오후 늦게, 직항도 아닌 경유 노선을 알려주었다. 갑자기 몇 시간이 붕 떠버리자 내 본능인 불평의 감정이 나오기 시작했다.

'왜 바쁜 사람한테 자꾸 질문을 해서 비행기를 놓치게 해.'

그 상황 속에서 마음의 원망을 방치하면 어떻게 될까? 그날 나의 내면세계가 사탄의 놀이터가 되었을 것이다. 그래서 나는 마음의 불평이 나올 때마다 입술로 나 자신에게 선언했다.

'이찬수 목사, 왜 그래? 그 분이 나쁜 의도로 그랬나? 목회 잘하려고 애쓰는 그 마음이 얼마나 귀한가? 네가 비행기를 놓친 것 때문에 그 분이 목회를 잘하게 된다면 그것만큼 감사한 일이 어디 있어?'

3,4시간 동안 달라스 공항을 걸으면서 계속 스스로에게 명령하고 설득했다. 그 결과, 온종일 공항에 머물다가 밤 11시가 넘어 숙소에 들어갔지만, 내 마음은 하나님 주시는 평안으로 요동함이 없었다.

감정을 방치하면 안 된다. 몸부림치며 싸워야 한다. 내 본능에 맡기면 안 된다. 섭섭한 마음이 있을 때마다 싸워야 한다. 왜? 감사는 훈련을 통해서 얻어지기 때문이다.

감사는 내 입술로 표현되어야 한다

감사와 관련해서 기억해야 할 세 번째는, 감사는 '입술로 표현'해야 한다는 것이다. 앞에서 한 번 살펴보았듯이 누가복음 17장에도 이런 관점으로 살펴볼 수 있는 사건이 기록되어 있다. 예수님이 나병환자 열 명을 고쳐주셨는데, 고침 받은 열 명의 나병환자 중에서 되돌아와서 감사를 드린 사람은 딱 한 사람뿐이었다는 내용의 말씀이다. 나는 이 말씀에서 예수님께 되돌아와 감사한 한 명의 나병환자에게 주신 예수님의 말씀에 주목한다.

그에게 이르시되 일어나 가라 네 믿음이 너를 구원하였느니라 하시
더라 눅 17:19

아홉 명은 몸만 고침 받고 끝이었지만, 감사를 표현한 한 명은 몸도 고침 받았고 영혼도 구원받았다. 이것은 감사가 구원의 조건이라는 뜻이 아니라, 감사를 드리러 온 한 명의 나병환자는 '감사'라는 도구로 인해 주님과의 관계가 맺어지게 되었다는 말이다. 병고침을 받았지만 감사하지 않은 아홉 명의 나병환자들은, 문제 해결은 받았지만 예수님과의 관계는 그것으로 끝이었다. 감사가 예수님과의 관계 맺음의 도구가 되었다는 사실이다.

오늘날 교회 안에 아홉 명의 나병환자가 너무 많다. 우리에게는 한 명의 나병환자가 가졌던 그 정신이 필요하다. 그 도구가 감사이다.

최근에 감사에 대해 나에게 영향을 미치는 존재는 우리 집에서 기르는 강아지다. 나는 강아지를 키우면서 기쁨과 감사를 표현하는 것이 얼마나 큰 능력인가를 뼈저리게 경험했다. 강아지는 아침에 일어나면 온 마음으로 나에게 사랑을 표현하고, 외출 후에 내가 집에 들어오면 반가움과 감사와 기쁨을 온 몸으로 표현한다. 그러니 지방에 갈 일이 있어 집을 비울 때면 아들딸 생각보다 강아지 생각이 가득할 때도 있다. 일을 마치고 집으로 돌아갈 때마다 기대감이 넘친다. 오늘은 또 얼마나 반갑게 꼬리를 흔들며 나를 반겨줄까? 그

렇게 집에 도착하면, 늦은 시간임에도 불구하고 강아지는 한결같은 모습으로 달려와 격하게 나를 반겨준다. 강아지의 격한 기쁨의 표현이 나에게 영향을 미쳤다.

강아지를 보며 이런 생각을 한 적이 있다.

'네가 나보다 낫다. 내가 하나님 앞에서 너 같았으면 좋겠다. 네가 내 선생이다!'

사실, 아홉 명의 나병환자도 이렇게 항변할 수 있는 것 아닌가?

"우리도 주님께 감사했어요. 표현만 안 했을 뿐이지."

그런데 강아지를 보면서 하나님이 말씀하시는 감사는 머릿속에서 작동되는 것이 아님을 깨달았다. 머릿속에서 작동되는 감사를 내 입술로 표현하는 것까지가 하나님이 원하시는 감사이다.

이런 점에서 사도 바울에게 배워야 할 것이 있다. 그는 얼마나 자주, 그리고 얼마나 많은 감사의 고백을 드렸는가?

나는 사도 중에 가장 작은 자라 나는 하나님의 교회를 박해하였으므로 사도라 칭함 받기를 감당하지 못할 자니라 그러나 내가 나 된 것은 하나님의 은혜로 된 것이니 내게 주신 그의 은혜가 헛되지 아니하여 내가 모든 사도보다 더 많이 수고하였으나 내가 한 것이 아니요 오직 나와 함께하신 하나님의 은혜로라 **고전 15:9,10**

이 말씀을 묵상하고 준비하면서 나에게 이런 질문을 해보았다.

'내 인생에서 어느 때가 가장 행복했었나?'

생각해보니, 이렇게 이름이 알려지고 큰 교회의 목사가 된 지금보다 가난했던 신학생 시절이 더 행복했던 것 같다. 비록 무명의 가난한 신학생이었지만, 자격 없는 나를 신학교로 불러주신 하나님 은혜에 감사하고 감격하며 눈시울을 붉히던 그때가 참 행복했다. 이런 생각을 하면서 우리의 행복은 내게 주어진 외적인 환경에 달린 것이 아니라, 그 상황 자체로 하나님께 감사할 때 주어지는 것임을 새삼 깨닫게 되었다.

여호와로 인하여 기뻐하는 것이 너희의 힘이니라 하고 느 8:10

내가 그 시절로 돌아가는 것은 불가능하다. 하지만 그때의 마음을 되살리는 것은 하나님께 기도하며 노력하면 가능하지 않을까? 나를 지금 이 자리까지 이끌어주신 하나님의 은혜에 감사하며, 지금 내게 주어진 환경에 감사의 고백을 올려드리며 그렇게 날마다 하나님 은혜에 대한 감격을 회복할 수만 있다면, 그 어느 때보다 바로 지금이 내게 가장 행복한 순간이 되지 않을까? 우리가 다 하나님을 향한 감사와 감사의 고백이 회복되어 오늘의 그런 행복을 빼앗기지 않고 누리는 삶을 살았으면 좋겠다.

감사

초판 1쇄 발행   2020년 12월 7일
초판 25쇄 발행   2025년 2월 10일

지은이   이찬수

펴낸이   여진구
책임편집   이영주
편집   박소영 최현수 구주은 안수경 김도연 김아진 정아혜
책임디자인   노지현 조은혜 | 마영애 정은혜
홍보 · 외서   진효지
마케팅   김상순 강성민   마케팅지원   최영배 정나영
제작   조영석 허병용   경영지원   김혜경 김경희

303비전성경암송학교 유니게 과정
이슬비전도학교 / 303비전성경암송학교 / 303비전꿈나무장학회

펴낸곳   규장

주소 06770 서울시 서초구 매헌로 16길 20(양재2동) 규장선교센터
전화 02)578-0003   팩스 02)578-7332
이메일 kyujang0691@gmail.com   홈페이지 www.kyujang.com
페이스북 facebook.com/kyujangbook   인스타그램 instagram.com/kyujang_com
카카오스토리 story.kakao.com/kyujangbook
등록일 1978.8.14. 제1-22

책값   뒤표지에 있습니다.
ISBN 979-11-6504-159-5 04230
      979-11-6504-158-8 (세트)

규 | 장 | 수 | 칙

1. 기도로 기획하고 기도로 제작한다.
2. 오직 그리스도의 성품을 사모하는 독자가 원하고 필요로 하는 책만을 출판한다.
3. 한 활자 한 문장에 온 정성을 쏟는다.
4. 성실과 정확을 생명으로 삼고 일한다.
5. 긍정적이며 적극적인 신앙과 신행일치에의 안내자의 사명을 다한다.
6. 충고와 조언을 항상 감사로 경청한다.
7. 지상목표는 문서선교에 있다.

하나님을 사랑하는 자 곧 그의 뜻대로 부르심을 입은 자들에게는 모든 것이 合力하여 善을 이루느니라(롬 8:28)

규장은 문서를 통해 복음전파와 신앙교육에 주력하는 국제적 출판사들의
협의체인 복음주의출판협회(E.C.P.A:Evangelical Christian Publishers
Association)의 출판정신에 동참하는 회원(Associate Member)입니다.